AF292761

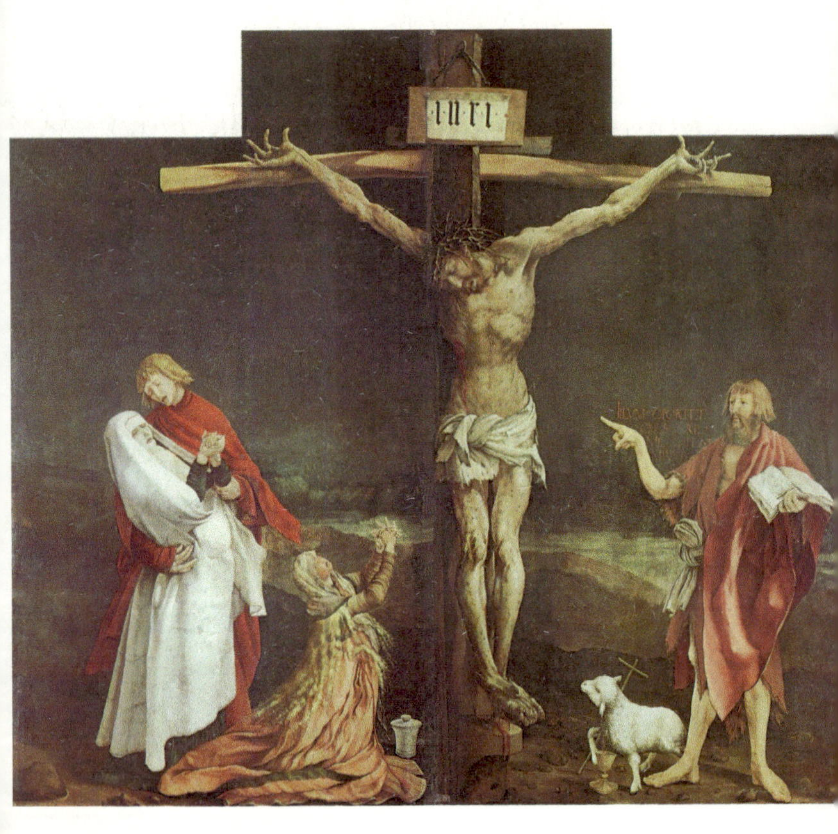

INRI

WORAN STIRBT JESUS CHRISTUS? UND WARUM?

DIE KREUZIGUNGSTAFEL DES ISENHEIMER ALTARS VON MATHIS GOTHART NITHART, GENANNT GRÜNEWALD

Christof Diedrichs

einblicke – Kunstgeschichte in Einzelwerken
Band 5

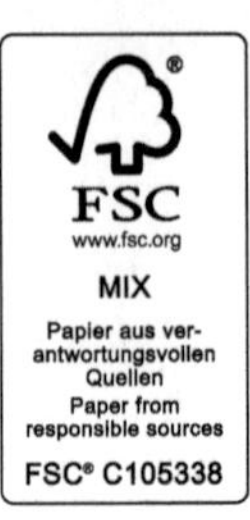

Bibliographische Information der Deutschen Nationalbibliothek:
Die Deutsche Nationalbibliothek verzeichnet diese Publikation
in der Deutschen Nationalbibliografie. Detaillierte bibliografische
Daten sind im Internet unter http://dnb.dnb.de abrufbar.

© 2017 Christof Diedrichs/Freiburg i. Br.
2. Auflage (09/2017)
Herstellung und Verlag:
BoD – Books on Demand, Norderstedt
Umschlaggestaltung: Field Interactive GmbH, Dortmund

ISBN: 978-3-7448-6877-8

Abb. 1 (Frontispiz):
Mathis Gothart Nithart, genannt Grünewald,
Kreuzigung Christi;
Isenheimer Altar (geschlossener Zustand), um 1512–1516;
Colmar, Unterlinden-Museum

Bilder müssen mit so viel Überlegung
und Behutsamkeit betrachtet werden,
wie sie gemalt wurden.

Mimesis ist ein „im besten Falle
geistreiches, oft auch ein totlangweiliges
Spiel".

(Franz MARC)

Die Abfolge mehrerer Stufen der Analyse
eines Bilds „kann niemals ein wirkliches
Äquivalent für seine Komplexität sein."

(Gottfried BOEHM)

Dem Andenken an meinen Vater,
Ernst Diedrichs (1924–2013),
und für meine Mutter

INHALT

EINLEITUNG
ÜBER DIE BETRACHTUNG VON KUNSTWERKEN

„Die Kunst der Beschreibung" – diese Formulierung hört sich wie ein Fehler an, eine Wortverdrehung. Es sollte ‚Die Beschreibung von Kunst' heißen, meinen wir. Was wäre es schließlich für eine seltsame Kunst, etwas zu beschreiben?

Aber die Formulierung stimmt tatsächlich, es gibt sogar einen aus dem Griechischen stammenden Fachbegriff dafür: Ekphrasis. Die Ekphrasis oder eben Kunst der (Bild-)Beschreibung beginnt bereits in der griechischen Antike, mit Homers ausführlicher Beschreibung des Schilds des Achilles im 18. Gesang der *Ilias* (V. 478ff), zeitlich also etwa im 8. Jahrhundert vor Christus.

Selbstverständlich unterscheidet sich das, was Homer in seinem Epos tut, von dem, was wir tun, wenn wir ein Bild beschreiben. Die Beschreibung erfüllt bei uns keinen Selbstzweck, so wie es angesichts antiker Ekphrasen der Fall gewesen zu sein scheint. Vielmehr ist sie im Rahmen unserer Bildbetrachtung der erste Schritt der systematischen Untersuchung und Deutung eines Bilds. Wir *beschreiben* ein Bild, um es von dieser Grundlage ausgehend *interpretieren* zu können.

Beschreibung als erster Schritt der Deutung eines Kunstwerks

Schon in den früher erschienenen Bänden der Buchreihe „**ein**blicke – Kunstgeschichte in Einzelwerken" haben wir gesehen, wie das funktioniert – und wie sinnvoll es ist. Anlässlich einer Bildtafel des (früh-)niederländischen Malers Jan van Eyck (um 1390–1441) haben wir exemplarisch eine solche Beschreibung verfolgen können und wie sich aus ihr Schritt für Schritt eine Deutung des Kunstwerks entwickeln lässt.[1]

Eine solche möglichst unvoreingenommene Beschreibung ist in der Tat eine hohe Kunst – wobei ‚Kunst‘ (lateinisch *ars*) hier eher im mittelalterlichen Sinn von ‚Handwerk‘ bzw. ‚Wissenschaft‘ verstanden wird. Denn in dieser Beschreibung geht es darum, die Zeichen, die der Künstler in seinem Werk hinterlassen hat, zu erkennen und sie zu verstehen, ohne beispielsweise etwas in ein Werk hineinzudeuten, das tatsächlich nicht darin steckt, und ohne nur das zu sehen, was wir ohnehin schon kennen und es daher erwarten. Ein Kunstwerk – davon müssen wir bei Kunst von Rang grundsätzlich ausgehen – will uns immer etwas Neues mitteilen oder immer wieder neu die Möglichkeit einer bestimmten Erfahrung (beispielsweise der andächtigen Versenkung) vermitteln, die sich von Mal zu Mal verändert. Ein solches Kunstwerk wird uns niemals etwas erzählen wollen, das wir längst wissen und das nicht über dieses Wissen hinausgeht. Es wird beispielsweise niemals eine biblische Geschichte nur nach-erzählen, weil es meinte, dass wir bzw. der ursprünglich anvisierte Betrachter sie noch nicht kennen würde. Es wird uns daran vielmehr immer etwas Neues klarzumachen versuchen – für das wir als Betrachter indessen offen sein müssen, um es wahrnehmen und verstehen zu können.

Aus diesem Grund ist aber auch die Beschreibung, also die sorgfältige, systematische Betrachtung eines Kunstwerks auf dem Weg der Übersetzung der Beobachtungen in Sprache, die notwendige Grundlage für das Verständnis eines Kunstwerks.

Allerdings unterscheiden sich Werke der *vor*modernen Kunst (Mittelalter, Neuzeit bis ca. 1800) und der *modernen* Kunst (um 1800 bis ca. 1950) so sehr in ihrem allgemeinen Verständnis von Kunst, dass sie an eine Beschreibung und Deutung gänzlich unterschiedliche Anforderungen stellen. Entsprechend braucht es für die Analyse vormoderner und moderner Kunstwerke auch unterschiedliche Methoden. Es führt nicht zu angemessenen Ergebnissen, beide nach den gleichen Kriterien zu betrachten und zu deuten.

❖ *Moderne* Kunstwerke wollen in der Regel nicht zu objektivierenden, eindeutig vorformulierten, konkreten Aussagen führen, sondern sind als Leerstellen zu verstehen, die vom Betrachter selbst mit seinen subjektiven Assoziationen gefüllt werden müssen. Es ist klar, dass die Analyse eines solchermaßen auf persönliche, individuelle Suggestion abzielenden Kunstwerks anders vonstattengeht und in eine andere Richtung führt als die Interpretation eines Kunstwerks, das eine bestimmte, ‚objektive‘ Aussage vermitteln will.

❖ *Vormoderne* Kunst dagegen ist gewöhnlich Bedeutungsträger, dessen Botschaft genau festgelegt ist. Ihre Betrachtung diente ursprünglich nicht der Anregung zu subjektiver, individueller (und damit freier) Assoziation, sondern der Entschlüsselung einer Botschaft, die von Auftraggeber und Künstler in eine ganz bestimmte, historische Situation hinein gesprochen wurde, um auf diese Weise eine ganz bestimmte Aussage zu übermitteln.

Da sich dieses unterschiedliche Verständnis von Kunst auf die Analyse und Deutung der Kunstwerke maßgebend auswirkt, ist die Epochenschwelle zwischen Neuzeit und Moderne – zeitlich also der Kunst *bis* ca. 1800 und jener *seit* ca. 1800 – die einschneidendste, bedeutsamste und folgenreichste innerhalb der gesamten abendländischen Kunstgeschichte. Keine der voraufgehenden oder nachfolgenden Epochenschwellen ist in ihren Auswirkungen dieser vergleichbar.

Unabhängig davon, ob wir es mit einem Kunstwerk der Moderne oder des Mittelalters/der Neuzeit zu tun haben, sollte der erste Schritt der Analyse immer in einer eingehenden Betrachtung bestehen. Es ist in jedem Fall wichtig, zunächst sehr genau hinzusehen, bevor damit begonnen wird, Schlüsse zu ziehen und das Kunstwerk zu deuten.[2]

Dies geht am besten, indem die Beobachtungen ausdrücklich in Worte gefasst werden (im optimalen Fall im Gespräch oder schriftlich). In der sorgfältigen Ausformulierung des Gesehenen überprüfen wir unsere Beobachtungen und präzisieren sie. In der Forschungsliteratur spricht man von der Transformation des Bilds in Text. Es ist viel darüber nachgedacht worden, ob dies überhaupt möglich ist – ob Sprache dieser komplexen Aufgabe also gerecht werden kann und wenn, unter welchen Voraussetzungen. Einig sind sich indessen alle darin, dass er großer Sorgfalt bedarf. Was daran für uns besonders wichtig ist, ist die Tatsache, dass eine solche sorgfältige Beschreibung *den Blick schärft*.

Einer alten, kunstwissenschaftlichen Tradition folgend wird die Analyse vormoderner Kunstwerke – um ein solches geht es bei der Darstellung der Kreuzigung Christi am Isenheimer Altar – in einzelnen Schritten oder Stufen durchgeführt, die jeweils aufeinander aufbauen. Nachdem wir uns in früheren Bänden ausführlich mit der **Stufe 1**, der Beschreibung beschäftigt haben[3], werden wir in diesem Band besonders die **Stufen 2 und 3** des auf diese Weise entstehenden *Vierstufenmodells der Beschreibung und*

Deutung von Werken der Bildenden Kunst in den Fokus nehmen:

* den Vergleich der dargestellten Szene oder Geschichte mit möglichen Erzählungen in Literatur und Tradition (Stufe 2 der Analyse); und

* den Vergleich der dargestellten Szene oder Geschichte mit anderen, bildlichen Darstellungen innerhalb der abendländischen Kunstgeschichte (Stufe 3).

Stufe 2: Geschichten vergleichen

Kunstwerke aus dem Mittelalter und der Neuzeit bis in die Zeit um 1800 (und zum Teil noch darüber hinaus) haben in den meisten Fällen Geschichten zum Inhalt. Sie erzählen. Aus diesem Grund nennt man solche Bilder ‚Historienbilder'. Im Laufe der Zeit entwickelten sich zwar noch andere Bildgattungen wie das Andachtsbild, das Porträt, die Landschaftsmalerei, das Stillleben und die Genremalerei, aber die Historienmalerei galt bis ins späte 19. Jahrhundert als die vornehmste Gattung, beanspruchte entsprechend die größten Formate und war die am weitesten verbreitete Bildgattung überhaupt.

Ob es sich um Bilder mit Geschehnissen aus der Bibel, aus den Werken antiker Autoren oder um historische Ereignisse wie Schlachten oder Krönungen handelt: fast immer liegen diesen Darstellungen Erzählungen zugrunde, die schriftlich festgehalten sind. Es existiert also in den meisten Fällen eine Text-Version der Geschichte, von der der Künstler bei seiner Darstellung ausgehen konnte.

Nun gibt es unterschiedliche Möglichkeiten, wie der Maler mit einem solchen Text umgehen kann, wenn er sein Bild konzipiert:

- ❖ Er kann den Text gewissermaßen 1:1 ‚übersetzen‘, ohne der Aussage des Texts etwas hinzuzufügen; in diesem Fall sprechen wir von ‚Illustration‘;

- ❖ oder er kann den Text zur Grundlage einer gewöhnlich vom Auftraggeber vorformulierten Aussage machen, indem er die Geschichte nicht etwa *nach*erzählt, sondern bestimmte Einzelaspekte an ihr, die dem Auftraggeber besonders wichtig sind, in den Fokus der Aufmerksamkeit stellt; er kann die Geschichte also *konkretisieren* und sie zugleich *aktualisieren*. Statt der rekonstruierenden Nacherzählung eines weit entfernten, historischen Ereignisses nimmt er in diesem Fall die theologisch begründete Bedeutung der Geschichte für die Gegenwart und die Zukunft des Betrachters in den Blick und lenkt damit die Aufmerksamkeit vom Verlauf der Geschichte weg auf diesen besonderen Aspekt.

Das Bild als eigene ‚Fassung‘ oder ‚Version‘ der Geschichte

Mit dem Bild entsteht auf diese Weise gewissermaßen eine zweite Fassung oder Version der Geschichte, die zwar von der Textfassung ausgeht, Schwerpunkte und Interpretationen aber ausdrücklich anders setzt und damit dem zeitgenössischen Betrachter des Bilds die Bedeutung des Texts für seine eigene Gegenwart vor Augen stellt. In der einschlägigen Forschung ist man sich inzwischen weitgehend einig, dass die Schaffung einer solchen Fassung oder Version der Geschichte die eigentliche Funktion vieler Miniaturen in bebilderten Handschriften war, selbst wenn es sich nicht um die Bibel, sondern beispielsweise um höfische Romane oder um Rechtshandbücher handelte.

Darüber hinaus weiß man mittlerweile, dass Bilder seit dem fortgeschrittenen Mittelalter und ganz besonders in der Neuzeit keineswegs die ‚Literatur für die Analphabeten‘, also nicht mehr dafür da sind, den des Lesens unkundigen Menschen die Geschichten der Bibel oder der Heiligenlegenden nahezubringen. Auch wenn es eine noch immer weit verbreitete Überzeugung unter Kunstliebhabern ist, war dies spätestens seit dem fortgeschrittenen Mittelalter nicht mehr ihre Funktion.

Dass das früher einmal der Fall gewesen ist, ist unstrittig. Papst Gregor der Große († 604) hat um das Jahr 600 die Funktion der Bilder so beschrieben.[4] Aber das war eine andere Zeit, die im Hochmittelalter oder gar in der Renaissance um viele Jahrhunderte zurücklag. Am Ende der Antike hatte sich ganz Europa in einem durchgreifenden Wandel befunden. Das Christentum hatte noch in seinen Anfängen gesteckt und gerade erst begonnen, sich über die Alpen hinweg nach Norden auszubreiten. Im Zuge dessen war ein erbitterter Streit um die Bedeutung und Verwendung der Bilder entbrannt, in dessen Verlauf Gregor die Kunst gegen ihre Feinde zu rechtfertigen gesucht hatte, indem er ihre Bedeutung für diejenigen betonte, die nicht selbst in der Bibel lesen konnten.

Während aber seine Rechtfertigung der Bilder für diese Frühzeit des Christentums unstrittig ihre Bedeutung hatte, war die Christianisierung des Abendlands im 12., 13., 14. Jahrhundert und besonders im 16., als der Isenheimer Altar entstand, längst so weit fortgeschritten, dass die Menschen von Kindesbeinen an mit den biblischen Geschichten vertraut waren. Sie hatten es nicht mehr nötig, sie über die Bilder an den Wänden der Kirchen oder auf Altartafeln erst kennenzulernen.

Stattdessen ist die Aufgabe der Bilder nun eine ganz andere geworden. Die Geschichten, die die Bibel erzählt, gehören zur so genannten Heilsgeschichte. Dem Glauben und der kirchlichen Verkündigung zufolge dienen sie nicht etwa der Unterhaltung der Menschen, die sich an ihnen erfreuen und die Kunstfertigkeit ihrer Ausführung bestaunen können. Vielmehr weisen sie auf Zusammenhänge hin, die das diesseitige Leben mit dem Jenseits verbindet – in dem der damaligen Vorstellung zufolge erst das *eigentliche*, das ewige Leben beginnen wird. Bilder belehren über abstrakte, theologische Geheimnisse auf anschauliche Weise, so dass diese auch für den einfachen Gläubigen verständlich und nachvollziehbar werden.

Bilder machen das Unsichtbare sichtbar

Bilder können solche Zusammenhänge buchstäblich sichtbar machen. Sie können zeigen, was eigentlich unsichtbar ist. Sie sind in der Lage, dem Unkörperlichen der christlichen Botschaft Körper zu geben, die pauschalen Anweisungen, Verheißungen und Drohungen konkret werden zu lassen.

Bilder verweisen schon im Diesseits auf das Jenseits und zeigen den Gläubigen die Konsequenzen ihres Lebens *vor* dem Tod für das Leben *nach* dem Tod. Auf diese Weise betreffen sie das Allerwichtigste im Leben des gläubigen Christen: die so genannte Jenseitsvorsorge. Die Konzentration auf diese Art der Lebensversicherung für das Jenseits ging nicht selten sogar über die Sorge um das Diesseits hinaus und veranlasste Menschen gelegentlich dazu, spontan Haus und Hof, Weib und Kind zu verlassen und auf Pilgerfahrt zu gehen.[5] Im 15. und frühen

16. Jahrhundert entwickelten sich daraus regelrechte Massenbewegungen. Denn mit solchen Pilgerfahrten an ‚gnadenspendende‘ Orte hofften die Menschen, sich selbst und ihre engsten Angehörigen von den drohenden zeitlichen Sündenstrafen, dem Fegefeuer, loskaufen zu können.

Nicht Nacherzählung ohnehin bekannter Geschichten also, sondern Konkretisierung und Aktualisierung war die Aufgabe der Bilder. Damit ähneln sie den Predigten, deren Sinn ebenfalls die Auslegung, nicht die Nacherzählung der biblischen Berichte war.

Beispiel „Sündenfall“

Die Darstellung eines *Sündenfalls* beispielsweise (*Abb. nächste Seite*), die sich heute im Augustinermuseum in Freiburg im Breisgau befindet und wohl von einem süddeutschen Meister aus der Zeit um 1550 stammt,[6] will ganz eindeutig nicht die Geschichte, wie die Bibel sie erzählt, illustrieren. Zu sehr unterscheidet sich das Bild von der Darstellung, wie sie der Text bietet.[7] Stattdessen will das Bild die theologische Bedeutung der Geschichte für seine Zeit, die Gegenwart des Betrachters, anschaulich machen. Dazu gehört es vor allem, Fragen aufzuwerfen und sie verbindlich zu beantworten.[8] Im Zusammenhang des Freiburger *Sündenfalls* geht es beispielsweise um die Fragen:

❖ wie kam das Böse in die Welt? Und:

❖ wie soll sich der Mensch angesichts dessen und vor dem Hintergrund des Erlösungstods Christi am Kreuz, der die selbst verschuldete Verdammung des Menschen dem Verständnis der Kirche zufolge rückgängig macht, verhalten?

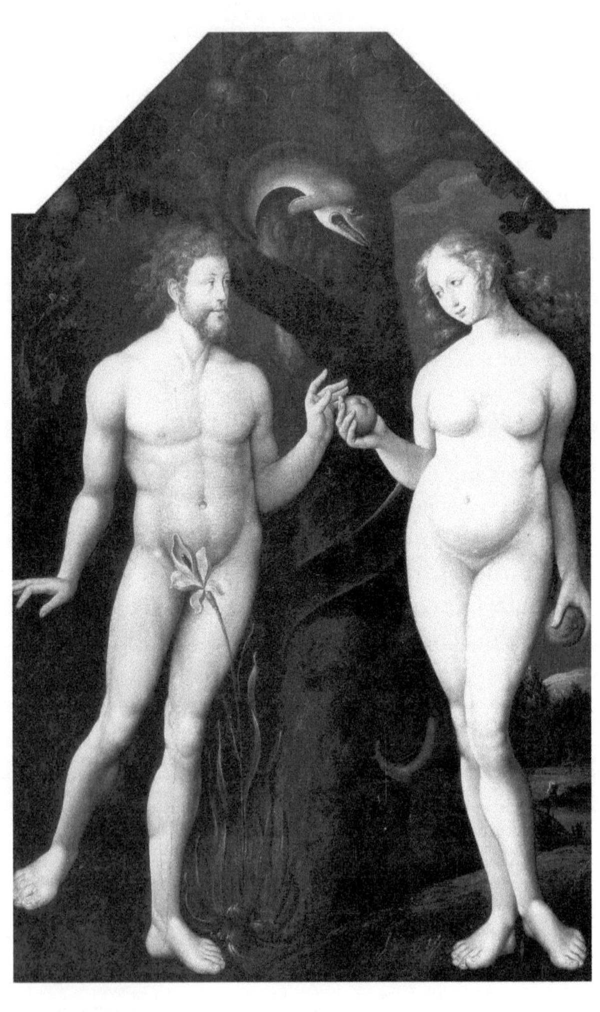

Süddeutscher Meister, Sündenfall, um 1550;
Freiburg im Breisgau, Augustinermuseum

Verglichen mit dem Text, wie ihn die Bibel erzählt, wird gerade bei diesem Motiv deutlich, wie sehr ein Bild von der Textvorlage abweichen kann. Während nämlich im Buch Genesis einzig die Frau an allem schuld ist, da sie den Einflüsterungen der Schlange nachgegeben, die verbotene Frucht gepflückt und dem Mann davon zu essen gegeben hat,[9] ist die Antwort des Bilds wesentlich komplexer. Hier ist der Sündenfall durchaus keine Frage des Wunschs nach Erkenntnis,[10] sondern ausdrücklich eine des sexuellen Begehrens, das beiden Protagonisten deutlich anzusehen ist. Und außerdem geschieht die Verführung, durch die das Begehren geweckt wird, längst nicht nur durch die Frau. Zweifellos kokettiert Eva nach allen Regeln der Kunst, aber Adam steht dem in nichts nach. Viel zu offensichtlich tänzelt er Eva entgegen, und ob er mit seiner linken Hand wirklich nur die Frucht oder nicht auch die ganze, verführerische Frau dazu nehmen wird, überlässt der Maler der Fantasie des Betrachters. Und wer bis hierhin nicht glaubt, dass tatsächlich dies – die Frage sexuellen Begehrens – hinter dem komplexen Geschehen steht, für den hält der Künstler das Motiv des Aronstabs bereit: Während die Frau gänzlich ohne eine schamhafte Bedeckung ihres Schoßes dasteht, wächst Adam eine Pflanze vor seine Genitalien, die sich bei genauem Hinsehen als Aronstab (*arum maculatum*) entpuppt. Diese weit verbreitete, heimische Pflanze zeichnet sich u.a. dadurch aus, dass sie bei Verzehr zunächst süß schmeckt, sich jedoch nach einigen Minuten als giftig erweist, zu einem schmerzhaften Brennen auf der Zunge und im Rachen führt und Übelkeit, Erbrechen und Durchfall hervorruft. Neben der offensichtlichen Ähnlichkeit des braun-violetten Blütenkolbens mit einem Phallus ist aus der Sicht der christlichen Sexualmoral auch die Wirkung – zuerst süß, dann bitter und schmerzhaft –

als perfektes Gleichnis für sexuelles Begehren und erfüllte Lust zu verstehen. Ganz anders als in der Bibel beantwortet damit das Bild die Frage nach der Schuld für den Sündenfall, indem es auf den *beidseitigen* Anteil am Geschehen verweist. Die Schuld liegt damit mindestens ebenso sehr beim Mann wie bei der Frau.

Der Maler der Tafel im Freiburger Augustinermuseum *konkretisiert* also nicht nur die biblische Geschichte, sondern er *aktualisiert* sie auch, indem der Betrachter dazu animiert wird, über den Zusammenhang von Begehren, Sünde und das daraus hervorgehende Leid in seinem eigenen Leben nachzudenken und sein eigenes Verhalten daraufhin zu überprüfen.

Die eigentliche Brisanz des Bilds wird erst dann wirklich deutlich, wenn man den Text, der dem Bild zugrunde liegt und den der zeitgenössische Betrachter selbstverständlich kannte, in die Betrachtung des Bilds einbezieht und beide, Text und Bild, miteinander vergleicht. Denn die beiden Versionen unterscheiden sich deutlich voneinander. Erst die *Unterschiede* aber schärfen den Blick für die spezifische Aussage des *Bilds*.

Schritt 3: Bildlösungen vergleichen

Wie der Vergleich von Bild und zugrundeliegendem Text die Augen für das Spezifische des Bilds schärft, so vermag es ebenso der Vergleich des Bilds mit anderen Bildern, die dasselbe Motiv bzw. dieselbe Geschichte darstellen. Er führt zu einer Sensibilisierung für das Besondere gerade des von uns betrachteten Bilds. Und auch hier sind es mehr die Unterschiede als die Ähnlichkeiten, die die Absicht des Malers in der besonderen, historischen Situation, in der er sein Bild gemalt hat, umso schärfer hervortreten lassen.

Dieser Vergleich bildet die dritte Stufe unserer Bildanalyse.

Ikonographie

Einer der Altmeister moderner Kunstgeschichte, der beinahe legendäre Übervater kunstwissenschaftlicher Analyse-Methodik, Erwin Panofsky (1892–1968), nannte diesen Bildvergleich innerhalb seines dreistufigen Modells der Beschreibung und Deutung von Werken der bildenden Kunst „Ikonographie".[11] Allerdings meint ‚Ikonographie' in der Kunstwissenschaft eigentlich nur die Lehre vom *Inhalt und Sinn* bildlicher Darstellungen, wobei allzu häufig die *Form*, die doch das eigentlich Künstlerische am Kunstwerk ist, vernachlässigt wird. Zwar führt die künstlerische Form im optimalen Fall auch zum Sinn bildlicher Darstellung. Aber die Praxis – nicht zuletzt bei Panofsky selbst – zeigt, dass die Konzentration auf einen solchen Sinn, der nicht selten noch *vor* einer genauen Betrachtung des Kunstwerks im Kopf des Analysierenden feststeht, dazu verführt, den Blick auf die künstlerische Form einseitig, weil voreingenommen, zu *lenken*, so dass im Endeffekt nur das gesehen wird, was zu diesem ‚Sinn' passt. In diesem Fall sieht man tatsächlich nur, was man weiß.

Bei dem Freiburger *Sündenfall* können wir beispielsweise der Empfehlung in der einschlägigen Literatur folgen[12] und die berühmteste *Sündenfall*-Darstellung des 16. Jahrhunderts, Dürers Kupferstich *Adam und Eva* aus dem Jahr 1504, als Vergleich heranziehen (*Abb. nächste Seite*). Auf diese Weise wird sehr schnell deutlich, dass es Dürer im Gegensatz zu dem Meister des Freiburger Bilds bei seiner Darstellung nicht in erster Linie um eine Interaktion zwischen Adam und Eva ging, sondern vielmehr

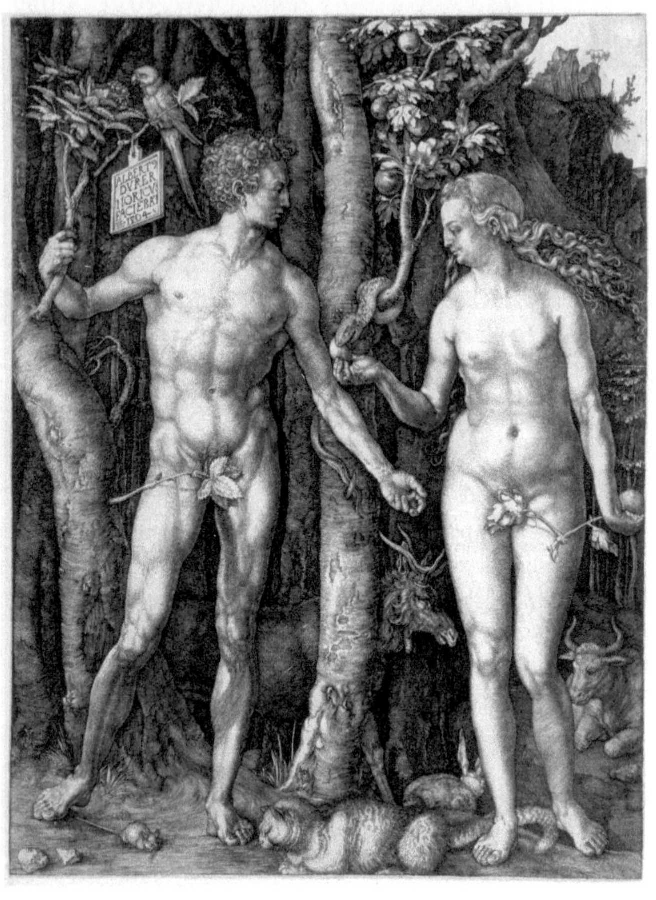

Albrecht Dürer, Adam und Eva (Kupferstich), 1504

um die möglichst eindrucksvolle Präsentation ihrer beider
Körper vor den Augen des Betrachters. Dürer erzählt
und deutet, konkretisiert und aktualisiert nicht etwa die
Geschichte des Sündenfalls. Stattdessen zeigt er zwei
vollendet schöne Körper, die er nach Maßgabe antiker

Vorbilder konstruiert hat. Er benutzt gewissermaßen das Motiv des *Sündenfalls* als Vorwand, um seine eigene Anknüpfung an das antike Schönheitsideal ins Bild zu setzen, das er über die von ihm entwickelten Konstruktionsregeln[13] der Welt des 16. Jahrhunderts, der Renaissance, wieder zugänglich zu machen hoffte. Eher *en passant* geht es hier auch um die – kaum erkennbare – Schlange, die verbotene Frucht und um die Tatsache, dass Eva sie von der Schlange erhält und Adam in diesem Fall darum zu bitten scheint, dass er auch eine solche erhält. Wenn dem so ist, dann würde hier die Antwort auf die oben genannte Frage wohl lauten, dass beide selbst und gleichermaßen verantwortlich dafür sind, dass das Böse in die Welt gekommen ist.[14] In keiner Weise aber geht es hier um sexuelles Begehren und um jene Komplexität, die das differenziert gezeigte Verhalten Evas und Adams und die prominente Präsentation des Aronstabgewächses auf dem Freiburger *Sündenfall* in die Geschichte hineinträgt.

Der Vergleich unterschiedlicher Bildlösungen desselben Bildvorwurfs* schärft also den Blick für die Besonderheiten jenes Bilds, das wir deuten möchten. Er zeigt verschiedene Möglichkeiten künstlerischer Lösungen auf und macht uns mit der Tradition des Bildmotivs vertraut. Dabei sind es gerade die *Abweichungen* von dieser Tradition, die als Hinweise dienen auf jene Form der Konkretisierung und Aktualisierung, die Auftraggeber und Künstler für die historische Situation schaffen wollten, in die hinein das Kunstwerk wirken sollte. Die *Abweichungen* von der Tradition also, das Neue und Überraschende einer Bildlösung, weisen den Weg zur Deutung des Bilds.

---

* Mit einem Stern gekennzeichnete Begriffe werden im Glossar, S. 125–128, erklärt.

Das Vierstufenmodell der Beschreibung und Deutung von Werken der bildenden Kunst

Bisher haben wir die ersten drei Stufen des Vierstufenmodells der Beschreibung und Deutung von Werken der bildenden Kunst kennengelernt, das – dies sei noch einmal betont – konsequent nur für Werke der bildenden Kunst *vor dem Beginn der Moderne* (vor ca. 1800) anwendbar ist.

Diese drei Stufen sind:

1. Beschreibung (Phänomenologie)
2. Vergleich mit dem zugrundeliegenden Text (literarische Tradition)
3. Vergleich mit anderen Bildern desselben Bildvorwurfs* (Ikonographie)

Stufe 4 besteht ihrerseits aus drei Teilen:

a. Zusammenführen der auf den ersten drei Stufen gemachten Beobachtungen;
b. Zusammenstellen der historischen Daten und Fakten, die sich zu dem Kunstwerk finden lassen;
c. Zusammenfassen aller Beobachtungen, Daten und Fakten zu einer Deutung.

Im Folgenden werden wir dieses Deutungsmodell auf die Kreuzigungstafel des Isenheimer Altars anwenden. Dabei wird das Hauptaugenmerk auf den Stufen 2 und 3 liegen. Am Schluss wird zudem eine Deutung des Bilds stehen, die der Stufe 4 angehört.

DIE ‚KREUZIGUNG CHRISTI‘
AM ISENHEIMER ALTAR

Der Isenheimer Altar (*Abb. 1 und 2*), der sich heute in der ehemaligen Klosterkirche im Unterlinden-Museum in Colmar (Elsass) befindet, fällt beim Herantreten schon durch seine schiere Größe auf. Darüber hinaus wirkt auch die ungewöhnliche Präsenz der annähernd lebensgroßen Darstellungen unmittelbar auf den Betrachter.

Bei dem Altarretabel* handelt es sich um einen Wandelaltar* mit abnehmbarer Predella*, zwei schmalen Standflügeln und zwei beweglichen Flügelpaaren. Insgesamt umfasst das Bildprogramm elf Tafelbilder, die die Malerwerkstatt um Mathis Gothart Nithart, der seit dem 17. Jahrhundert unter dem Namen Grünewald bekannt ist,[15] zu schaffen hatte. In vollständig geöffnetem Zustand gaben die aufgeklappten Flügel den Blick darüber hinaus auf einen Schrein* mit reich verzierten, monumentalen Skulpturen sowie auf eine mit Halbfiguren geschmückte, niedrige Predellazone frei (*Abb. S. 76*).

Rekonstruktionsversuche seit dem frühen 20. Jahrhundert gehen davon aus, dass der Altar ursprünglich noch ein ganzes Stück größer war, da sich über dem Schrein wahrscheinlich ein Gesprenge* erhob (*Abb. 3*). In diesem Zustand hätte der Altar eine Höhe von rund 10 Metern erreicht; die heute noch erschließbare Breite führte dazu, dass er in aufgeklapptem Zustand nahezu die gesamte Breite des Chors der Antoniter-Spitalkirche in Isenheim eingenommen haben muss, für die das Werk angefertigt worden ist.[16]

Die Tafeln wie auch die zum Altar gehörenden Skulpturen sind aus Lindenholz gearbeitet, vermutlich in der Werkstatt des Bildschnitzers Nikolaus von Hagenau.[17]

Nikolaus oder Niklaus gilt als einer der bedeutendsten Künstler am Oberrhein und wird von 1472 an in Straßburg urkundlich erwähnt;[18] er war hier also über eine lange Zeit hinweg ansässig. Die Malereien, die von Mathis auf den Tafeln angebracht wurden, dürften in Straßburg, Aschaffenburg oder Frankfurt – am wahrscheinlichsten in Straßburg – ausgeführt worden sein. Nach ihrer Fertigstellung wurden Tafeln, Schrein und Gesprenge nach Isenheim (ca. 100 km südlich von Straßburg) transportiert. Der Zusammenbau in der Spitalkirche war durch entsprechende Vorrichtungen sorgfältig vorbereitet.[19]

Beschreibung

Die *Kreuzigung Christi*, die die erste Schauseite des Altars in geschlossenem Zustand zeigt (*Abb. 1 und 2*), ist als einzige Darstellung über *zwei* Tafeln ausgebreitet und gleicht in dieser Hinsicht dem geöffneten Schrein mit den Skulpturen der Heiligen Antonius, Augustinus und Hieronymus (*Abb. 3 und S. 76*). Mit ihrer Höhe von annähernd 2,70 Metern und einer Breite von mehr als drei Metern wirken auch die Maße monumental. Die *Kreuzigung* wird durch zwei Standflügel mit Darstellungen des Heiligen Sebastian (links) und des Heiligen Antonius (rechts) sowie von der Predella mit der Darstellung der Grablegung Christi (unten) eingerahmt. In der Mitte ist die Tafel leicht erhöht, so dass sich eine Art Stufengiebel ergibt.

Auch aus der Ferne fällt als erstes der riesige Körper des Gekreuzigten in den Blick, der sich fahl schimmernd von dem fast schwarzen Hintergrund abhebt. Er hängt so schwer an dem nur grob zugehauenen Kreuzbalken, dass sich dieser durchbiegt. Links unter dem Kreuz beugen sich die drei Gestalten der Muttergottes, Johannes', des Lieblingsjüngers Jesu, und der Maria Magdalena nach hinten, als wollten sie der riesigen Gestalt ausweichen. Rechts steht Johannes der Täufer mit einem Lamm zu seinen Füßen hieratisch* steif unter dem Kreuz und weist mit dem leicht überdimensionierten Zeigefinger seiner rechten Hand auf den Gekreuzigten. Ein Schriftzug in lateinischen Majuskeln* kommentiert diese Geste mit den Worten: ILVM OPORTET CRESCERE/ME AVTEM MINVI („Jener muss wachsen, ich aber muss kleiner werden"). Der Text des aufgeschlagenen Buchs in seiner Linken ist nicht lesbar.

Die Szene der Kreuzigung Christi mit der Muttergottes, Maria Magdalena, dem Apostel Johannes und Johannes dem Täufer steht vor einer düsteren Landschaft. Das Kreuz erhebt sich vor einem felsigen Ufer, hinter dem ein grünlich-leuchtender Fluss vorüber fließt. Das andere Ufer scheint ebenfalls felsig zu sein, schemenhaft sind die Silhouetten einiger Gebäude erahnbar.

Künstlerische Mittel

Bis hierhin war innerhalb unserer Beschreibung vor allem von dem die Rede, *was* auf dem Bild dargestellt ist, ohne dass wir näher auf die spezifische, künstlerische Gestaltung eingegangen wären. Wenn aber gerade diese, wie wir an anderer Stelle gesagt hatten,[20] die ‚Sprache' des Künstlers, seine eigentliche Ausdrucksweise ist, dann macht es Sinn, auch die besonders auffallenden künstlerischen Mittel in den Blick zu nehmen.

Bildausschnitt

Der Bildausschnitt begrenzt das Geschehen auf die unmittelbare Nähe zum Kreuz. Im Vordergrund ist ausschließlich der Raum direkt unter dem Kreuz gezeigt, wobei das Kreuz oben wie unten so nahe an den Bildrand herangerückt ist (*Abb. unten*), dass sich der Bildraum, in dem die dargestellten Figuren positioniert sind, nur *hinter* ihm befinden kann. Trotz der Enge des Raums hätten theoretisch allerdings mehr Figuren Platz – umso auffälliger, dass sich der Maler auf nur diese wenigen Personen beschränkte.

Obwohl der Raum, der sich unter dem Kreuz ergibt, in seiner Ausdehnung nach hinten nicht sehr flach ist, ist

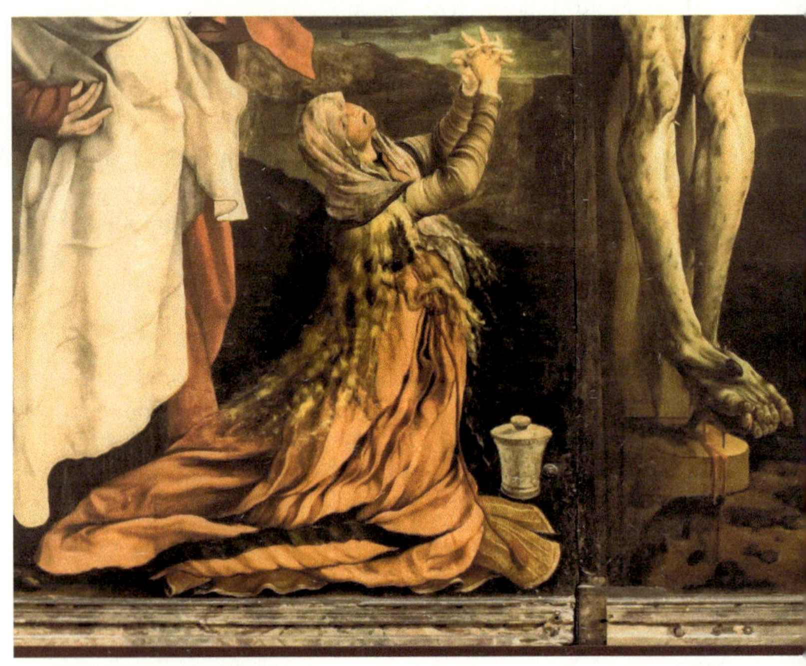

Ausschnitt aus der Kreuzigungstafel: Das Kreuz ist so nahe an den unteren Bildrand gerückt, dass der Gekreuzigte vor der eigentlichen Bildebene, also vor der vom Bildrahmen begrenzten Bildtafel, hängen muss; strenggenommen reicht er also mit seinem ganzen Körper in den Raum des Betrachters vor dem Bild hinein

die Figur der Maria Magdalena so nahe an den vorderen Bildrand herangerückt, dass der Saum ihres Kleids beinahe über den Rahmen hinaus in den Raum vor der Bildtafel zu reichen scheint.[21]

Vor allem aber die eindrückliche Dreidimensionalität des Körpers Christi in Verbindung mit der Stellung des Kreuzes unmittelbar am vorderen Bildrand bewirken, dass sich sowohl das Suppedaneum* (*Abb. S. 28*) als auch der am Kreuzstamm hängende Körper Christi *diesseits der Bildebene* befinden, die durch den Bildrahmen festgelegt ist. Der Körper des gekreuzigten Christus hängt also eigentlich *vor* dem Bild, im Raum des Betrachters.

Nur so ist auch die eigenartige Verrenkung der Magdalena zu erklären, die sich ebenfalls nach vorn, über den Bildrahmen hinaus und in den Raum des Betrachters hinein beugen muss, um Christus wenigstens halbwegs in sein Gesicht sehen zu können.

Komposition

Auch die Komposition ist ausgesprochen spannend. Obwohl nämlich deutlich die Diagonale von rechts unten nach links oben dominiert – von der Haltung der Figuren links unter dem Kreuz über die Neigung des Kopfs Christi und seinen rechten Arm bis zum ostentativ inszenierten rechten Unterarm Johannes des Täufers –, ‚kippt‘ das Bild keineswegs nach links. Dem stehen die sich nach rechts oben reckenden, gerungenen Hände der Frauen, das Lendentuch, der beleuchtete linke Arm Jesu und die Körperhaltung Johannes des Täufers so unaufdringlich gegenüber, dass sich eine vollkommen ausgewogene Komposition ergibt. Außerdem ist der Körper Christi aus der Mittelachse so weit nach rechts verschoben, dass auch er zum kompositorischen Ausgleich beiträgt.

Lichtführung

Eine besondere Rolle spielt die Lichtführung im Bild. Das Licht fällt von vorne rechts oben ein, beleuchtet aber ausschließlich die dargestellten Figuren im Vordergrund, als sei es nicht viel mehr als ein einziger Lichtstrahl oder ein schmaler Lichtstreifen, der durch die dunklen Wolken am Himmel auf die Szenerie fällt. Die Landschaft bleibt fast vollständig im Schatten. Der Fluss im Hintergrund scheint aus sich selbst heraus zu leuchten, nichts sonst wird vom Licht getroffen.

Das Licht lenkt dabei den Blick auf wenige Einzelheiten: auf das leuchtend weiße Gewand und das weiße Gesicht der Gottesmutter, auf den übergroßen Körper Christi, wobei das zerrissene Lendentuch gegenüber dem ins Dunkel zurückweichenden Oberkörper hervorsticht, und den vor dem dunklen Hintergrund umso heller leuchtenden Arm und Zeigefinger des Täufers, das aufgeschlagene Buch in seiner Linken sowie das weiß leuchtende Lamm zu seinen Füßen. Auch der sich durchbiegende, grob behauene Kreuzbalken und die Tafel mit der Inschrift INRI werden vom Licht hervorgehoben.

Mit Blick auf die spätere Deutung des Bilds soll an dieser Stelle darauf hingewiesen werden, dass diese Beobachtungen nicht etwa Selbstzweck sind. Die Lichtführung ist ein probates Mittel, mit dem der Künstler wie ein Beleuchter auf der Theaterbühne den Blick des Betrachters lenken kann. So geschieht es auch hier: Die beobachteten Einzelheiten – welche Punkte vom Künstler also im wahren Wortsinn ‚ins Licht gesetzt werden‘ – haben unmittelbare Auswirkungen auf die Aussage, auf die Auftraggeber und Künstler mit dem Bild abzielen (*vgl. S. 90ff*). Daher kann man nach der Analyse der Lichtführung getrost davon ausgehen, dass beispielsweise der so auffällig angestrahlte Zeigefinger des Täufers eine wesentliche Bedeutung für die Aussage des Bilds hat. Eine Interpretation, die dieses Detail außer Acht lässt, wird daher wahrscheinlich unvollständig sein, eine wesentliche Spur, die der Künstler gezielt hinterlassen hat, ignorieren.

Farbigkeit

Entsprechend dem punktuell oder streifenförmig eingesetzten Licht ist auch die Farbigkeit des Bilds zurückgenommen. Der Maler beschränkte sich auf wenige Farben. Deutlich stechen die Rottöne der Gewänder des Apostels und des Täufers Johannes hervor, ebenso das Weiß des Lammes und des Gewands Mariens. Alle anderen Farben variieren Braun, vom matten Orange des Kleids der Magdalena über das Gold des Kelchs unter der Brust des Lammes bis zum ins Schwarz übergehende Dunkelbraun der Felsen und des Hintergrunds.

Ein eigenes, farbiges Faszinosum bildet der Körper des Gekreuzigten (*Abb. 1, 2 und 6*). Er unterscheidet sich in auffälliger Weise nicht allein von den Inkarnattönen der anderen Figuren, sondern auch von den kräftigen Farben ihrer Gewänder. Er korrespondiert mit den ihn umgebenden Erdtönen der – allerdings dunklen – Landschaft und sogar mit dem grünlichen Schimmer des scheinbar träge vorbeiziehenden Flusses. Wie die Größe, so drängt auch seine Farbe die Erscheinung dieses geradezu unheimlich präsenten Körpers aus der Fläche der Bildtafel in den Raum *vor* dem Bild hinein.

Ausdruck

Auffällig sind weiter die unterschiedlichen Ausprägungen des Ausdrucks:

Der Gekreuzigte, dessen Haupt von den Dornen der Dornenkrone nach unten gedrückt und in dieser Stellung fixiert wird (*Abb. 6*), hat die Augen geschlossen, die Halsmuskeln sind verkrampft wie es auch die Stirn ist, deren Falten von anhaltenden, schweren Schmerzen und offensichtlicher Atemnot zeugen. Dem von bläulichen Lippen gerahmten, geöffneten Mund mag nach langem Kampf der endgültig letzte Hauch entströmen – wenn der Kampf nicht noch andauert; das ist nicht abschließend zu bestimmen. Der Sterbende ist ganz auf sich selbst, seinen Schmerz und seine Atemnot konzentriert. Selbst wenn sein Haupt nach rechts geneigt ist, in die Richtung der beiden Frauen und des Jüngers Johannes, so findet doch keinerlei Kommunikation statt. Jesus ist in seine Einsamkeit versunken.

Maria, die Muttergottes, sinkt in den Armen des Johannes in Ohnmacht. Die Züge ihres ganz weißen Gesichts sind erschlafft, ihr Körper sackt nach unten. Sie hat sichtbar mit dem Gekreuzigten mitgelitten, doch scheint das Leid ihre Kräfte nun zu übersteigen. Den Augenblick des Todes ihres Sohnes vollzieht sie mit, indem sie entkräftet in die Bewusstlosigkeit gleitet.

Der Lieblingsjünger Johannes stützt die Muttergottes und bewahrt sie so vor dem Zusammensinken. Sein Leid ist gewissermaßen geteilt zwischen der Trauer um den Gekreuzigten und dem Mitleid mit Maria, die er mit schmerzhaft geschlossenen Augen beklagt. Sein Mund ist geöffnet, die Gesichtszüge sind zerfurcht. Mit seiner Rechten stützt er den zusammensackenden Körper Mariens, mit der Linken hält er sie an ihren Armen.

Maria Magdalena ist am Fuß des Kreuzes in die Knie gesunken. Während die Muttergottes still mitleidet, klagt sie lautstark: der Mund ist geöffnet, die verschränkten

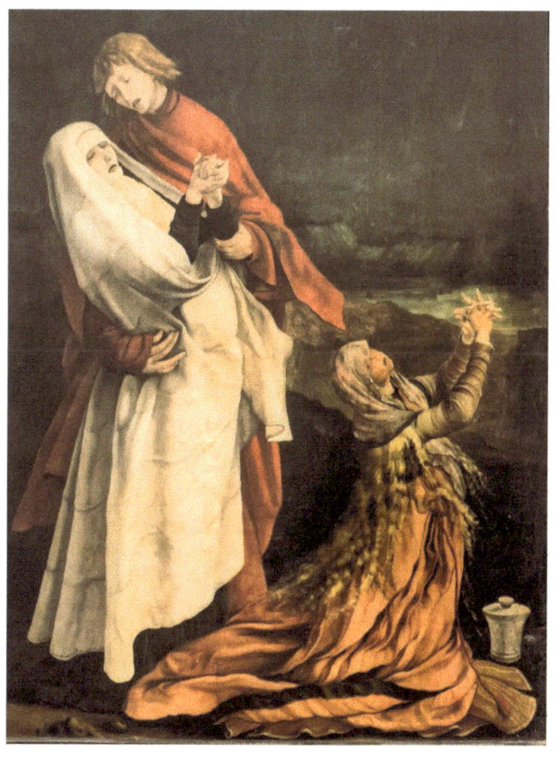

Hände sind weit vorgestreckt; sie sinkt zugleich zusammen und streckt sich nach vorn aus der Tafel heraus, um einen möglichen, letzten Blick des Gekreuzigten auffangen zu können. Sie personifiziert die extrovertierte Art der Trauer.

Auf der anderen Seite des Kreuzes blickt Johannes der Täufer ernst und konzentriert. Auch er scheint zu trauern, doch zugleich ist er sich offenbar der heilsgeschichtlichen Notwendigkeit des Geschehens bewusst. Sein Blick ist nicht auf Christus gerichtet, sondern geht horizontal über die Bildtafel hinweg, als richteten sich seine

Worte nicht an den Bildbetrachter, sondern an die erschütterten Angehörigen des Gekreuzigten.

Betrachteransprache

Der Betrachter wird in die Szene nicht *unmittelbar* einbezogen, jedenfalls dann nicht, wenn man darunter ausschließlich die Aufnahme von Blickkontakt versteht. Die Figuren sind wie auf einer Bühne vor ihm aufgestellt und dabei ganz mit sich und ihrer Trauer beschäftigt. Selbst der Täufer wendet sich nicht aus dem Bild heraus, seine Aussage „Jener muss wachsen, ich aber muss kleiner werden" verbleibt ganz im Bildraum.

Dadurch aber, dass das Kreuz, wie wir beobachtet haben, so nahe an den vorderen Bildrand herangerückt ist, dass der Körper des Gekreuzigten noch vor der Bildtafel, im Raum des Betrachters, hängen muss, kommt er diesem räumlich entgegen, so wie sich auch Maria Magdalena in den Raum des Betrachters hinein lehnt. Die Schwelle zwischen den beiden, gewöhnlich streng getrennten Räumen ist auf diese Weise an mehreren Stellen überschritten mit der Folge, dass der Betrachter, obwohl von keiner der Personen im Bild unmittelbar angeschaut, räumlich und damit affektiv (gefühlsmäßig) in das Geschehen einbezogen wird. Das Geschehen auf dem Bild reicht buchstäblich in seine eigene Welt hinein. Der Rahmen stellt keine Grenze zwischen Bild und Wirklichkeit mehr dar, die Wirklichkeit *im* Bild verschmilzt mit der Wirklichkeit *vor dem* Bild zu einer einzigen, und damit wird das Geschehen auf dem Bild zur Realität des Betrachters.

Eine Reihe weiterer Details lässt ebenfalls aufmerken:

Auch wenn sich beispielsweise der Kreuzbalken durchbiegt, als würde der schwere Körper ihn an seinen Enden nach unten ziehen, verweist die Haltung der abgeknickten Handgelenke Christi darauf, dass die Arme eigentlich nicht *nach unten* ziehen, sondern eher schmerzlich *nach oben* gestreckt sind. Die Haltung der Hände und der im Krampf erstarrten Finger ist eigentlich nicht vereinbar mit dem Zug nach unten, der durch den Körper Christi auf die Nägel ausgeübt werden müsste, die die Hände am Kreuzbalken fixieren.

Die Farbe des Körpers Christi unterscheidet sich, wie bereits festgestellt, deutlich vom Inkarnat der umstehenden Personen. Der bräunlich schimmernde Ton wird in der Literatur immer wieder als ‚Farbe des Todes' beschrieben und gedeutet, doch wäre Verwesung an einem gerade erst sterbenden Körper eigentlich verfrüht – jedenfalls wenn man an dieser Stelle der Betrachtung und Interpretation nicht weiterfragt. Die Farbe würde entsprechend auf einen Faulungsprozess am noch lebenden Körper verweisen, was einer rekonstruierenden Darstellung des historischen Geschehens eindeutig widerspricht.

Das Gesicht Jesu mit dem geöffneten Mund und der schmerzlich verkrampften, in Falten gelegten Stirn zeigt unmissverständlich an, dass der Gekreuzigte noch nicht tot ist. Zwar sind seine Lippen bläulich verfärbt, die Augen sind geschlossen und in der rechten Seite klafft die Seitenwunde, die der Lanzenstich eines römischen Soldaten verursacht hat.[22] Aber der Hals ist noch verkrampft und die Muskeln am ganzen Körper, von den Fingerspitzen bis zu den Füßen, sind noch nicht erschlafft. Jesus ist eindeutig noch nicht tot. Er stirbt.

Und die Wunden, mit denen der Körper übersät ist, unterscheiden sich auffällig voneinander. Einerseits bluten sie stark. Allerdings beschränkt sich dies auf jene Wunden, die Dornenkrone, Kreuznägel und Lanze dem Körper zugefügt haben: an Händen, Füßen und aus der Seitenwunde strömt das Blut und läuft in Bächen am Körper hinunter oder tropft vom Kreuz hinab. Die übrigen Wunden dagegen (*Abb. 6*), die buchstäblich keinen Winkel des Körpers unversehrt lassen, *bluten nicht*. Zwar ist die Haut an diesen Stellen aufgerissen und das Innere der blau-grau umrandeten Risse und Schrunden leuchtet rötlich, aber nirgends quillt oder fließt Blut hervor. Selbst dort, wo Dornen oder kleine Ästchen in der Haut stecken, als seien sie bei der Geißelung vom Geißelwerkzeug abgebrochen, tritt kein Blut hervor, was umso auffälliger im Bereich der im Schatten liegenden Seitenwunde ist, aus der das Blut quellartig hervorsprudelt und unter dem Lendentuch hindurch bis zu den Oberschenkeln Jesu rinnt.

Und noch einmal scheint mir der Hinweis angebracht: Alle diese Beobachtungen, die uns vielleicht spontan an Unaufmerksamkeit oder sogar Unvermögen oder Fehler des Malers denken lassen, sind tatsächlich sorgfältig geplante Hinweise für die Deutung des Bilds. Wir haben schon früher[23] gesehen, dass es gerade die vermeintlichen Fehler, die Abweichungen vom Erwarteten, die Überraschungen sind, die die Aufmerksamkeit des Betrachters eines Kunstwerks in besonderer Weise erregen sollen. Sie sind keine Mängel, sondern gerade jene Fingerzeige, die auf die jeweilige Bildaussage hinweisen und zu der beabsichtigten Deutung führen.

Auch im Fall der monumentalen Isenheimer Kreuzigungstafel wird sich die Richtigkeit dieser Beobachtung erweisen. Zum einen wird sich zeigen, dass sich die Darstellung tatsächlich erheblich von dem unterscheidet, was bei der Darstellung der Kreuzigung Christi innerhalb der abendländischen Kunstgeschichte üblich war (Kapitel „Vergleich 2: Bilder"). Zum anderen werden wir sehen, dass diese Abweichungen *Sinn machen*, dass sie nicht aus Unaufmerksamkeit entstanden, sondern dass vielmehr gerade sie es sind, die wie eine absichtlich gelegte Spur zur Aussage des Bilds für jene historische Situation in Isenheim am Beginn des 16. Jahrhunderts führen, in die hinein der Altar gestiftet wurde (Kapitel „Historische Umstände der Stiftung").

Für die Deutung ist es also wenig zielführend, sich auf das zu konzentrieren, was der Tradition *entspricht*. Viel sinnvoller ist es, die *Unterschiede* sowohl gegenüber dem Text (Kapitel „Vergleich 1") als auch gegenüber der ikonographischen Tradition herauszuarbeiten. Sie sind es, die diese Tafel zu etwas Einzigartigem machen – weit über die häufig zu hörende, nicht eben in die Tiefe des Bilds dringende Tatsache hinaus, dass Mathis offenbar eine besonders drastische Art der Darstellung gewählt hat.

Das Bild, das im geschlossenen Zustand auf der Werktagsseite des Isenheimer Altars zu sehen ist, zeigt – so die als selbstverständlich angenommene These – die Kreuzigung Jesu Christi.

Am Beginn der *zweiten Stufe der Analyse* des Vierstufenmodells der Beschreibung und Deutung von Werken der bildenden Kunst steht der Versuch der Identifizierung der dargestellten Szene, um auf diese Weise an eine entsprechende Textvorlage zu gelangen. Dabei ist es selbst bei der obigen These – einer scheinbar unzweifelhaften Annahme – sinnvoll, aufmerksam zu sein. Je selbstverständlicher etwas erscheint, desto achtloser sind wir gewöhnlich bei seiner Untersuchung. Wissenschaftliche Genauigkeit aber sollte auch und gerade vor dem scheinbar Selbstverständlichen nicht haltmachen. Schon häufig hat sich das scheinbar Selbstverständliche bei genauerem Hinsehen als Irrtum erwiesen. – Tatsächlich wird sich am Ende dieses Kapitels zeigen, dass unsere These gleich in mehrfacher Hinsicht unrichtig ist.

Textquellen zur Kreuzigung Christi

Die Geschichte der Kreuzigung Jesu Christi, neben der Auferstehung die zentrale Schlüsselszene des Neuen Testaments und damit der Bibel überhaupt, wird nicht nur in allen vier Evangelien erzählt,[24] um sie ranken sich auch zahllose Legenden und Deutungen, die vor allem in der *Legenda aurea* des Jacobus de Voragine (1228–1298) aufgezeichnet sind. Diese Legendensammlung aus dem 13. Jahrhundert repräsentiert gewissermaßen das christliche Allgemeinwissen des Mittelalters und der Frühen Neuzeit, als die in der *Legenda* gesammelten Geschichten noch überwiegend mündlich kursierten. Da in der *Legenda aurea* neben den eigentlichen Geschichten auch zugehörige Deutungen aufgezeichnet sind,[25] haben wir durch sie Anhaltspunkte für die Art und Weise, wie die Geschichten in dieser Zeit auch in den Kreisen der ‚einfachen‘ Gläubigen verstanden wurden.

Diesen Quellen zufolge[26] lässt sich der Hergang der Kreuzigung Christi wie folgt rekonstruieren:

Kreuzigung

Nachdem Jesus auf Beschluss des Hohen Rats, der obersten religiösen und politischen Instanz des Jüdischen Volks, durch den römischen Statthalter in Jerusalem, Pontius Pilatus, verspottet und mit der Dornenkrone bekrönt, gegeißelt, dem Volk vorgeführt (*„ecce homo“*) und schließlich zum Tod am Kreuz verurteilt worden ist, muss er sein Kreuz vom Palast des Statthalters zur ‚Schädelhöhe‘, auf Hebräisch ‚Golgota‘, auf einem Hügel vor den Toren Jerusalems tragen.

Von der *Legenda aurea* wird ‚Golgota‘ „Calvaria“ genannt und ausdrücklich als ein Ort der Schande gedeutet, „da man die Übeltäter [dort] peinigte“ und weil Christus dort „den schmählichen Tod der Schächer mußte leiden.“ Auch das Kreuz selbst wird in diesem Sinn als „die Strafe der Mörder und Räuber“ und als „höchste Schmach“ bezeichnet.[27] Allerdings wird wenig später den vier Teilen des Kreuzes eine ganz andere Deutung zuteil. Demnach wird es „gezieret“ durch die vier Tugenden Geduld, Demut, Gehorsam und Liebe: der obere Kreuzstamm verkörpere die göttliche Liebe, der rechte Teil des Kreuzbalkens den Gehorsam, der linke die Geduld und der untere Teil des Kreuzstamms die Demut als die „Wurzel aller Tugend.“[28]

An der ‚Schädelstätte‘ wird Jesus von römischen Soldaten empfangen. Sie entkleiden ihn, schlagen ihn ans Kreuz und richten dieses zwischen den Kreuzen zweier Verbrecher auf, die der *Legenda aurea* zufolge Dismas und Gesmas heißen. Dismas, der an der rechten Seite Christi hängt, werde, so erzählt es die Legende, „bekehrt und gerettet“, Gesmas aber „ward verdammt“.[29]

Pilatus lässt am Kreuz Christi eine Tafel anbringen, auf der in hebräischer, lateinischer und griechischer Sprache der Grund der Verurteilung Jesu zu lesen ist:

> „Jesus von Nazaret, der König der Juden“ (*Jesus Nazarenus Rex Iudaeorum*; Joh 19,19).

In der *Legenda aurea* wird diese Inschrift unter Berufung auf den Kirchenvater Augustinus († 430) ausführlich gedeutet.

Anders als der Bericht in den Evangelien, verweilt Jacobus de Voragine lange bei der Bedeutung dieses Augenblicks. Dazu wendet er sich dem Verständnis der Kreuzigung als Ganze zu. Mit ihr habe Christus, wie bei Anselm von Canterbury († 1109) zu lesen sei, den Zorn Gottes besänftigt und ihn mit den Menschen versöhnt.

> „Er aber, der der Mittler ist zwischen Gott und Mensch, hat uns durch das Opfer des Friedens mit Gott versöhnt, da er doch eins mit dem war, dem er opferte, und sich eins mit denen machte, für die er sich opferte, und derselbe war, der geopfert ward und opferte.“[30]

Doch Jacobus geht noch weiter: Unter den zahlreichen Interpretationen des Geschehens deutet er das Leiden Christi am Kreuz nicht zuletzt als

> „die würdigste Arznei […] wider unser Leiden und Gebrechen“, die den Menschen „geheilt“ habe.

Das ‚Gebrechen‘, an dem der Mensch leidet, ist in seinem Verständnis die durch den Sündenfall in die Welt gekommene (Erb-)Sünde. Und während der Baum mit den verbotenen Früchten im Garten Eden den Tod gebracht habe, bringe das Kreuz, das auf diese Weise zum Gegenbild des Baums des Sündenfalls wird, das Leben. Das Kreuz wird zum „Gegenmittel“ gegen das „Gebrechen“ der Erbsünde.[31]

An dieser Stelle zitiert Jacobus den großen Mystiker Bernhard von Clairvaux (1090–1153), wenn er diesen die Wirkung auf den in die Betrachtung dieses Geheimnisses versunkenen, frommen Christen beschreiben lässt:

> „Wer ist der Mensch, der nicht eine tröstliche Hoffnung und Zuversicht empfindet, so er Christi Leib anschauet an dem Kreuz: da ist das Haupt geneigt zu einem friedsamen Kuß, die Arme ausgebreitet zum Umfahen [zur Umarmung], die Hände durchbohrt um ihre Schätze auszuteilen, die Seite geöffnet zur Liebe, die Füße festgenagelt zu einem Bleiben bei uns, der ganze Leib gedehnt zu einer Gabe für uns.“[32]

Am Kreuz

In den Berichten der Evangelien teilen die Soldaten, nachdem sie Christus ans Kreuz geschlagen haben, die Kleider Jesu unter sich; um seinen Rock, der aus einem einzigen Stück gewebt ist und beim Zerteilen zerstört würde, würfeln sie.

Mit den Verurteilten ist eine große Menschenmenge zur Richtstätte vor den Toren Jerusalems gezogen, die das Geschehen verfolgt und kommentiert. Vor allem Jesus wird von den Zuschauern verspottet: Er habe doch angekündigt, den Tempel niederzureißen und in drei Tagen wieder aufzurichten; nun solle er erst einmal sich

selbst helfen. Er solle vom Kreuz herabsteigen, dann
werde man ihm glauben, dass er der Messias sei. Auch die
Hohepriester, die Schriftgelehrten und Ältesten beteiligen
sich an der Verspottung. Matthäus und Markus berichten,
dass sogar die beiden Verbrecher, die man zusammen mit
ihm gekreuzigt hat, in die Beschimpfungen einstimmen
(Mt 27,44; Mk 15,32b). Im Lukas-Evangelium dagegen ist
zu lesen, dass sich zwischen dem einen der beiden, der
Legenda aurea zufolge Dismas, und Jesus ein Dialog entwickelt. In dessen Verlauf erklärt Dismas dem Gesmas,
dass sie beide die Strafe, die sie erlitten, immerhin verdient hätten, während dieser Jesus unschuldig sei. Dann
wendet er sich an Jesus und bittet ihn, seiner zu geden-
ken, wenn er in sein Reich komme. Daraufhin versichert
Jesus dem bekehrten Verbrecher:

> „Amen, ich sage dir: Heute noch wirst du mit mir im Para-
> dies sein." (Lk 23,43)

Tod Jesu

Bevor Christus stirbt, spricht er mehrmals vom Kreuz
herab.

Unmittelbar, nachdem er ans Kreuz geschlagen worden ist, betet er für die, die ihn gekreuzigt haben:

> „Vater, vergib ihnen, denn sie wissen nicht, was sie tun."
> (Lk 23,34)

Matthäus zufolge sind viele Frauen aus Jesu Gefolg-
schaft anwesend, darunter neben Maria Magdalena zwei
weitere Frauen mit dem Namen Maria. (Mt 27,55f) Das
Johannes-Evangelium berichtet, dass außer den Frauen
auch „der Jünger, den er liebte", unter dem Kreuz stand.
Als Jesus diesen Jünger und seine Mutter sieht, sagt er

„zu seiner Mutter: Frau, siehe, dein Sohn! Dann sagte er zu
dem Jünger: Siehe, deine Mutter! Und von jener Stunde an
nahm sie der Jünger zu sich." (Joh 19,26f)

Nach einiger Zeit bekundet Jesus, dass ihn dürste. Daraufhin reicht man ihm auf einem Ysopzweig einen Schwamm, der in ein Gefäß mit Essig getaucht worden ist. Er wird ihm an den Mund gehalten, so dass Jesus die Flüssigkeit aufsaugen kann.

„Um die sechste Stunde" bricht eine tiefe Finsternis über das ganze Land herein, die bis zur neunten Stunde andauert; Matthäus, Markus und Lukas erwähnen, dass der Vorhang im Tempel zerreißt. Damit beginnt gewissermaßen die letzte Phase des Leidens Christi, die mit seinem Tod am Kreuz endet.

Kurz vor seinem Tod in der neunten Stunde ruft Jesus:

„Eli, Eli, lema sabachtani?, das heißt: Mein Gott, mein
Gott, warum hast du mich verlassen?" (Mt 27,46; Mk 15,34)

Von den Umstehenden werden diese Worte für einen Hilferuf an den Propheten Elija gehalten; gespannt warten sie, ob der Prophet erscheinen und dem Gekreuzigten helfen wird.

Im Lukas-Evangelium ruft Jesus außerdem:

„Vater, in deine Hände lege ich meinen Geist" (Lk 23,46a),

während im Johannes-Evangelium Jesu letztes Wort am Kreuz lautet:

„Es ist vollbracht!" (Joh 19,30b)

Danach neigt er das Haupt und stirbt; bei Matthäus und Markus schreit er vorher noch einmal laut auf. (Mt 27,50a; Mk 15,37)

Im Augenblick des Todes Jesu geschehen eine Reihe von Wundern: Die Erde bebt

> „und die Felsen spalteten sich. Die Gräber öffneten sich und die Leiber vieler Heiligen, die entschlafen waren, wurden auferweckt." (Mt 27,51f)

Die Soldaten, die unter der Leitung eines Hauptmanns mit der Kreuzigung betraut gewesen sind, erschrecken angesichts dieser Wunder. Eigens erwähnt wird die Reaktion des Hauptmanns, der weder in den Evangelien, noch in der *Legenda aurea* namentlich bezeichnet wird. Er ist von den Zeichen so erschüttert, dass er bekennt:

> „Wahrhaftig, dieser Mensch war Gottes Sohn." (Mk 15,39b; vgl. Lk 23,47)

Begräbnis Jesu

An verschiedenen Stellen wird immer wieder die große Menschenmenge genannt, die die Kreuze umsteht und auf ganz unterschiedliche Weise auf die Ereignisse reagiert.

In der Menschenmenge steht auch ein nur heimlicher Anhänger Jesu, der sich aus Furcht bis zu diesem Zeitpunkt nicht öffentlich zu ihm bekannt hat. Denn er ist Mitglied des Hohen Rats. Sein Name ist Joseph und er stammt aus Arimathäa. Nachdem Jesus verstorben ist, bittet er Pilatus um den Leichnam. Daraufhin werden, wie nur das Johannesevangelium berichtet, den beiden mit Christus Gekreuzigten die Beine zerschlagen.[33] Da Jesus zu diesem Zeitpunkt schon tot ist, bleiben seine Beine unversehrt. Stattdessen sticht ihm ein Soldat[34] mit einer Lanze in die Seite

> „und sogleich floss Blut und Wasser heraus." (Joh 19,34)

Das Hervorfließen von Wasser ist der Beweis dafür, dass Jesus tatsächlich bereits verstorben ist.

Nun darf Joseph von Arimathäa den Leichnam vom Kreuz nehmen. Er begräbt ihn in einem nahegelegenen Felsengrab. (Lk 23,50–53) Vor den Augen der trauernden Frauen wälzt er einen großen Stein vor dessen Eingang. (Mk 15,46b) Zuvor hat ein weiterer Anhänger Jesu, Nikodemus, „der früher einmal Jesus bei Nacht aufgesucht hatte", den Leichnam mit einer Mischung aus Myrrhe und Aloe gesalbt. (Joh 19,39)

Die Bibel erzählt hier wie fast überall sehr nüchtern. Sie beschränkt sich auf das reine Konstatieren der Geschehnisse, ohne sie auszuschmücken oder zu deuten. Sie stellt die Fakten unkommentiert nebeneinander. Die Erzählweise hat etwas Archaisches.

Gedeutet wird ausschließlich in der *Legenda aurea*, hier indessen in reicher Fülle. Viele dieser Deutungen führt Jacobus de Voragine auf Kirchenväter oder andere Theologen zurück. Offenbar in dem Bemühen, nicht ohnehin Bekanntes, geistiges Allgemeingut zu wiederholen, erzählt er die eigentliche Geschichte der Kreuzigung so gut wie nicht, konzentriert sich stattdessen fast vollständig auf das spirituelle und theologische Verständnis ihrer einzelnen Teile.

Text und Bild

Nach der Lektüre der Texte überrascht das Bild, das Meister Mathis für den Altar der Isenheimer Spitalkirche geschaffen hat. Einige im Text beschriebene Motive sind im Bild wiederzufinden, doch im Allgemeinen hätte man sich die Szene anders vorgestellt.

Vor allem fällt die Reduzierung ins Auge: Statt der Menschenmenge, der Soldaten mit ihrem Hauptmann, der Bekannten Jesu, unter ihnen mindestens drei Marien, außerdem Joseph von Arimathäa und Nikodemus, sowie der mit Jesus gekreuzigten Schächer zeigt das Bild nur vier Personen unter dem Kreuz, von denen eine nicht einmal zu dem in der Bibel genannten Personenkreis gehört. Die Dunkelheit im Bild mag der im biblischen Bericht geschilderten Finsternis der Todesstunde entsprechen, doch trägt sie auch dazu bei, dass fast nichts von der Umgebung des Kreuzes zu erkennen ist außer dem grünschimmernden Fluss zwischen trostlosen, felsigen Ufern.

Einige Elemente entsprechen dagegen dem Bibeltext und konkretisieren ihn in einer derart drastischen Weise, dass sie bis heute die Betrachter fasziniert: So ist der Körper Jesu in allen schrecklichen Einzelheiten dargestellt. Er ist mit Wunden übersäht, von denen vor allem die Wundmale an Händen, Füßen und in der Seite stark bluten. Seine Haltung macht den Schmerz überdeutlich, den er zu leiden hat. Der Körper ist so schwer, dass sich der Querbalken des Kreuzes durchbiegt. Die Dornenkrone ist fast übergroß und in vielen, grausamen Details gezeigt.

Auch die von Pilatus angebrachte Tafel ist da, ein Zettel, auf ein Brett geheftet, das mit einer Kette an einem Ring am Kreuzstamm befestigt ist.

Schließlich sind drei der in dem biblischen Bericht ausdrücklich erwähnten Personen unter dem Kreuz anwesend: Maria, die Mutter Jesu, die leichenblass, mit geschlossenen Augen und blutleeren Lippen ohnmächtig zusammensinkt; neben ihr Johannes, jener Jünger, dem Jesus seine Mutter anempfohlen hat und der sich um sie kümmert; und schließlich Maria Magdalena, die unter dem Kreuz kniet und verzweifelt den letzten Blick des Gekreuzigten einzufangen versucht.

Alles andere in den Texten Geschilderte fehlt. Keine Menschenmenge, keine Schriftgelehrten, keine Soldaten, kein Schwamm, keine Lanze, keine Umgebung, die auf die ‚Schädelstätte‘ oder Jerusalem hinweisen würde. Es fällt auf, dass das Bild tatsächlich *nicht die Geschichte erzählt*. Es fehlen gerade die erzählerischen Elemente, ja in wesentlichen Punkten widerspricht das Bild sogar dem Verlauf der Erzählung. So ist es eindeutig, dass Jesus noch lebt. Die Gesichtszüge und die Muskeln sind noch nicht erschlafft, der Mund atmet noch, vielleicht stöhnt Jesus. Aber an seiner Seite trägt er schon die Seitenwunde, die ihm dem Bibeltext zufolge erst *nach* seinem Tod beigebracht worden ist, nicht etwa um den Tod herbeizuführen, sondern um ihn zu bestätigen.

Und die Gestalt Johannes des Täufers mit dem Lamm zu seinen Füßen widerspricht schon deswegen der Erzählung, weil Johannes zum Zeitpunkt der Kreuzigung längst tot ist.[35]

Tatsächlich werden wir also die anfangs vorgenommene Identifizierung der dargestellten Szene als ‚Darstellung der Kreuzigung Christi‘ zumindest modifizieren müssen. Der Vergleich des Bilds mit den zugrundeliegenden Texten hat gezeigt, dass zwar Christus am Kreuz und zwei der Frauen gemeinsam mit Johannes, dem Lieblingsjünger Jesu, dargestellt sind, dass aber einerseits mit der Seitenwunde am noch lebenden Gekreuzigten ein erster, mit Johannes dem Täufer, der zum Zeitpunkt der Kreuzigung bereits tot ist, ein zweiter, zeitlicher Widerspruch in die Darstellung eingeführt wird. Darüber hinaus sind sämtliche anderen, in den biblischen Berichten genannten Personen weggefallen. Selbst die Umgebung um das Kreuz herum ist nicht nur in höchstem Maße unspezifisch, sondern widerspricht mit dem Fluss unmittelbar hinter dem Kreuz sogar ausdrücklich der Textvorlage.

Die Bildtafel weicht mit ihrer Darstellung also deutlich von den bekannten Textfassungen der Geschichte ab. Dargestellt ist keine *Szene*. Strenggenommen handelt es sich nicht um ein Historienbild, das eine Geschichte erzählt, sondern um ein Andachtsbild, das zu Meditation, zur Kontemplation eines bestimmten Gedankens, eines spirituellen ‚Geheimnisses‘, einladen will. Diesem ‚Geheimnis‘ liegt die Geschichte von der Kreuzigung Christi zugrunde, doch lenkt das Bild die Aufmerksamkeit auf Elemente und Gedanken, deren Bewertung in den biblischen Berichten *so* nicht vorgenommen wird.

Anders gesagt: Mit der Darstellung der Kreuzigung Christi am Isenheimer Altar findet keine bildliche Rekonstruktion des historischen Geschehens statt. Diese Beobachtung widerspricht dem ersten Eindruck vieler Betrachter, die durch die offenkundige Grausamkeit der Darstellung zu dieser Erwartung verleitet werden. Zu sehr jedoch weicht das Bild von den Textvorlagen ab und weist zudem logische Widersprüche auf. Doch geschehen diese Abweichungen und Widersprüche nicht etwa aus Unkenntnis oder Unvermögen. Sie sind keine Fehler. Sie sind Spuren zur Deutung des Bilds.

Denn sie folgen einem ganz bestimmten Muster, das sich auch bei vielen anderen Bildern aus dem Bereich der christlichen Kunstgeschichte findet. Es handelt sich dabei um das Muster der *Aktualisierung*. Das bedeutet: Die Frage, die der Darstellung zugrunde liegt, ist nicht die, wie sich die Kreuzigung Christi wirklich abgespielt hat, sondern was jenes historische Ereignis für die Gegenwart des Betrachters bedeutet; welche Auswirkungen sie auf das Leben des Gläubigen im Diesseits und im Jenseits hat; in welcher Weise sie sich für ihn und auf seine spezifische, aktuelle Situation auswirkt.

Um dieser Aktualisierung näher zu kommen, kann der Vergleich mit anderen Bildlösungen helfen. Daher wird der nächste Schritt unserer Auseinandersetzung mit der Kreuzigungstafel des Isenheimer Altars, die *nächste (dritte) Stufe der Analyse des Bilds*, in einem Vergleich der Tafel mit anderen Bildern, anderen bildlichen ‚Versionen‘ der Geschichte bzw. des spirituellen ‚Geheimnisses‘ der Kreuzigung Christi bestehen.

Die Kreuzigung Christi als – neben der Auferstehung – *das* zentrale Ereignis der christlichen Heilsgeschichte ist bereits seit dem frühen 5. Jahrhundert in Bildern dargestellt worden.

Älteste erhaltene Darstellung der Kreuzigung

Die älteste Darstellung, die sich bis heute erhalten hat, findet sich an der Holztür der Basilika S. Sabina in Rom, deren Reliefs bereits um das Jahr 432 entstanden sind.[36]

Interessant an dieser Darstellung ist unter anderem, dass auch hier nicht erzählt wird. Auch sie ist dermaßen

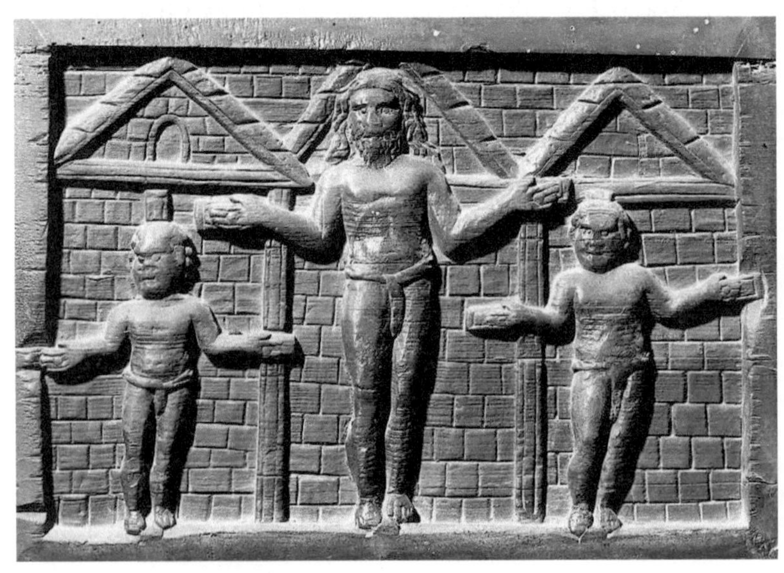

Kreuzigung Christi, um 432;
Rom, S. Sabina (Holztür)

reduziert, dass sie nur verstehen kann, wer die Geschichte bereits kennt. Das Bild scheint gewissermaßen eine Art Erinnerungshilfe zu sein, es gleicht einer Abbreviatur (Abkürzung), die die bekannte Geschichte aus dem Gedächtnis heraufbeschwören soll. Zugleich zeichnet sie sich durch die Konzentration auf einen bestimmten, theologischen Aspekt der Geschichte aus: Der Fokus liegt nicht, wie es bei der Darstellung am Isenheimer Altar der Fall ist, auf dem *Leiden* Christi. Alle drei Gekreuzigte stehen aufrecht vor den nur angedeuteten Kreuzen. Sie hängen nicht, haben die Köpfe nicht gesenkt und die Augen nicht geschlossen. Zwar sind die Nägel an Händen und Füßen zu erahnen, aber Christus trägt keine Dornenkrone und scheint auch sonst unversehrt zu sein. Diese Art der Darstellung legt nahe, dass im Rahmen des Bildprogramms der Holztür, das wesentliche Inhalte der christlichen Heilsbotschaft darstellt, nicht etwa an die Grausamkeit des Kreuzestods, sondern vielmehr an die *Überwindung des Tods durch das Opfer Christi am Kreuz* erinnert werden sollte. „Ein früher Versuch, das Mysterium des Kreuzestodes wohl aus der Sicht des Sieges über den Tod zu fassen", wie es Hugo Brandenburg formuliert.[37]

Entwicklung bis zur Spätgotik

Auch die Darstellungen aus den folgenden Jahrhunderten der Spätantike und des frühen Mittelalters sind, anders als es das Diktum Gregors des Großen (*vgl. S. 15*) suggeriert, nicht erzählend. Auch sie sind keine ‚Literatur für Analphabeten‘, denn sie sind ohne einschlägige Vorkenntnisse nicht zu verstehen, ja, seit der zweiten Hälfte des 6. Jahrhunderts zeichnen sie sich gerade dadurch aus, dass sie sich von wirklichkeitsgetreuer Darstellung entschieden abkehren und den symbolischen Aspekt des Geschehens in den Vordergrund stellen. Beispielsweise wird das in der Ergänzung der Darstellung durch Engel deutlich. Diese können Trauer personifizieren oder auch Kelche halten, mit denen Christi Blut aufgefangen wird, in jedem Fall wird auf diese Weise auf theologische Zusammenhänge verwiesen; zur wirklichkeitsgetreuen Nacherzählung der Geschichte tragen sie nicht bei.

Formal konzentrieren sich die Darstellungen von nun an immer häufiger auf die drei Figuren Christus, Maria und Johannes. Aber auch einzelne Elemente der Geschichte tauchen im Laufe der Zeit auf. In der Kreuzigungs-Darstellung in S. Maria Antiqua in Rom beispielsweise (*Abb. nächste Seite*), entstanden zwischen 741 und 752, werden neben den drei Hauptprotagonisten auch der Hauptmann mit der Lanze und ein Soldat mit dem Essigschwamm auf dem Ysopzweig dargestellt. Einzelne nebensächliche Details wie die Keile, die den Kreuzstamm im Boden fixieren, oder das Essiggefäß zu Füßen des Kreuzes mögen auf eine gewisse Freiheit des Erzählens durch die Maler hindeuten. Vom theologischen Verständnis des nun sogar vollständig bekleideten, lebenden Christus ohne Dornenkrone her steht aber noch immer die Überwindung des Tods durch die Kreuzigung im Vordergrund der Aufmerksamkeit.

Dieser Typus der Kreuzigungsdarstellung begegnet noch in der karolingischen Kunst, beispielsweise in St. Johann in Müstair (1. Viertel 9. Jahrhundert), hier bereichert durch die Figuren der Ecclesia* und der Synagoge*.

In der Folgezeit wird dieser fünffigurige Typus zunehmend weiter ergänzt, aber er findet sich auch noch im 11. Jahrhundert, so auf der Bernwardstür in Hildesheim, einer um 1015 unter dem kunstsinnigen Bischof

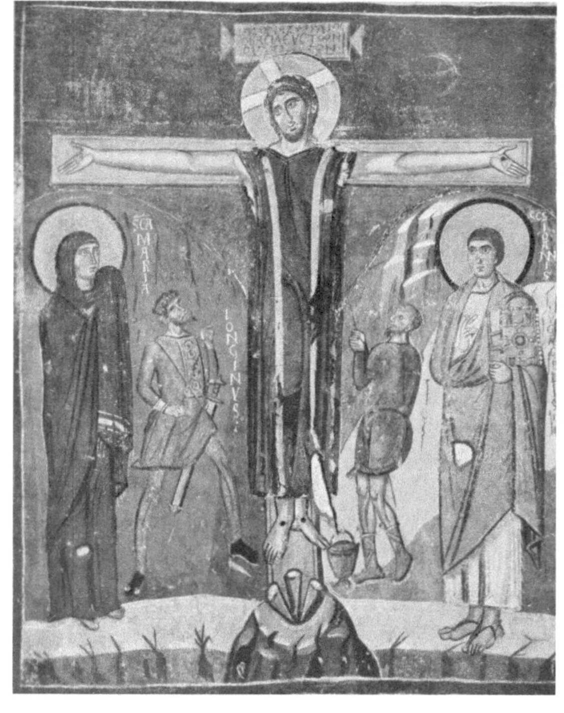

Kreuzigung Christi, 741–752;
Rom, S. Maria Antiqua, Theodotus-Kapelle

Bernward (960–1022) entstandenen, monumentalen Bron-
zetür, die noch in der Tradition der Holztür in S. Sabina
steht.

Erst in romanischer Zeit (11./12. Jahrhundert) wird
die strenge Reduzierung auf drei oder fünf Personen
langsam aufgegeben, treten immer mehr erzählerische
Elemente zur von der Theologie geprägten Veranschauli-
chung des Kreuzesmysteriums hinzu. So gruppieren sich
nun Frauen um die trauernde Muttergottes und ebenso

wird dem Bild eine Gruppe von römischen Soldaten um ihren Hauptmann hinzugefügt. Jedoch bleiben die sakramentalen Bezüge von Opfertod und Eucharistiefeier weiterhin bestimmend.

In zunehmendem Maße erobert sich die Kreuzigung in der Portal- und Fassadenskulptur, an Schnitz- und Tafelaltären, an Lettnern und in der Glasmalerei gotischer Kathedralen Platz für ihre Darstellung. Fast durchgängig spielt allerdings auch hier ihre Deutung im sakramentalen und heilsgeschichtlichen Sinn die Hauptrolle.

Seit dem 13. Jahrhundert werden schließlich die so genannten erweiterten Kreuzigungsdarstellungen häufiger, in denen die Gruppen der trauernden Frauen, der römischen Soldaten und der spottenden Juden immer größer werden. In Szene gesetzt werden dabei gewöhnlich weiterhin die am Fuß des Kreuzes kniende Maria Magdalena, der römische Hauptmann mit der Lanze und die um das Gewand Christi losenden Soldaten.

Giotto

Ein besonders wichtiges Werk innerhalb der ikonographischen Entwicklung des Bildvorwurfs* ist die *Kreuzigung Christi* von Giotto di Bondone (1266–1337) in der so genannten Arenakapelle in Padua (*Abb. 4*). Das Fresko ist zwischen 1304 und 1306 entstanden und eignet sich hervorragend für einen Vergleich mit der Kreuzigungsdarstellung am Isenheimer Altar.

Innerhalb der Komposition sind die Gruppen bei Giotto verteilt wie bei Mathis: Vom zentral stehenden Kreuz wendet sich der Gekreuzigte nach rechts; dort kniet am Fuß des Kreuzes Maria Magdalena mit offenem, lockigem Haar. Hinter ihr stehen Maria, die Mutter Jesu, und Johannes, der sie stützt. Wie am Isenheimer Altar hat er sich in seiner Sorge um die Gottesmutter ganz vom Kreuz abgewandt.

Die Gruppe auf der rechten Seite ist durch eine deutliche Lücke vom Kreuz getrennt und bildet kompositorisch das Gegengewicht zur Gruppe links, so dass die Verteilung der Massen im Bild ausgewogen ist.

Auch bei Giotto spielt sich die Kreuzigung auf einer schmalen Bühne ab, hinter der die Räumlichkeit des Bilds durch den flächigen Auftrag der Farbe Blau weitgehend aufgehoben ist. Immerhin gibt es Raum genug, um das Kreuz vom vorderen Bildrand ein Stück weit nach hinten zu schieben. Der Körper des Gekreuzigten verbleibt auf diese Weise vollständig innerhalb des Bildraums.

So frappierend die Ähnlichkeit in der Komposition sein mag, so unterschiedlich ist die Ausführung im Detail – und damit auch die Deutung des Bilds: Jesus, dessen Augen geschlossen sind, dessen Kopf leicht geneigt ist und der als tot angesprochen werden muss, ist hier in der althergebrachten Form des Viernagelkruzifixus mit nebeneinander stehenden Füßen dargestellt. Dementsprechend *hängt* er nicht wirklich am Kreuz, er *steht* eher, die Arme wirken fast wie ausgestreckt. Im Vergleich mit den frühen *Kreuzigungen* in S. Sabina (*Abb. S. 50*) und S. Maria Antiqua (*Abb. S. 53*) sind sie aber doch etwas weiter nach oben gestreckt, zumal auch die Knie leicht nach vorn knicken und so ein Hängen des Körpers wenigstens angedeutet wird. Letztlich werden wir die Haltung also als ein ‚Mittelding‘ zwischen Stehen und Hängen auffassen müssen: verglichen mit den früheren Darstellungen *hängt* der Gekreuzigte, gegenüber den späteren *steht* er noch.

Der Körper Christi ist bei Giotto makellos. Außer den Wundmalen, die kaum sichtbar bluten,[38] weist er keine Blutspuren auf, selbst die Dornenkrone fehlt und mit ihr die entsprechenden Verletzungen am Kopf. Das Blut aus den Wundmalen wird von kleinen Engelsfiguren in goldenen Kelchen aufgefangen.

Auch die Konzentration auf nur vier Figuren unter dem Kreuz ist bei Giotto aufgehoben. Hinter Maria Magdalena steht eine Gruppe von insgesamt acht Personen, von denen neben den drei bekannten zwei weitere einen goldenen Nimbus* tragen und damit wohl die in der Bibel genannten beiden Marien (Mt 27,55f) darstellen. Und in der rechten Bildhälfte tummelt sich statt der *einen* Figur des Isenheimer Altars eine unüberschaubare Menschenmenge. Einige von ihnen sind Soldaten, die um das Gewand Jesu streiten – einer hat ein Messer in der Hand, um es zu zerschneiden –; ein mit einem Nimbus ausgezeichneter, bärtiger Mann mit einer eigenartigen Kopfbedeckung wird der im Evangelium erwähnte Hauptmann sein, der sich aufgrund der Wunder während der Kreuzigung bekehrte und bekannte: „Wahrhaftig, dieser Mensch war Gottes Sohn" (Mk 15,39b); er weist mit seiner rechten Hand auf den Gekreuzigten und wendet sich redend an seinen Nachbarn. Eine nur halb erkennbare Rückenfigur trägt den Stab, auf dem noch schwach der inzwischen verblasste Schwamm zu erkennen ist, mit dem Jesus getränkt wurde. Von weiteren Personen ist nur noch Kopfbedeckung oder Haar zu sehen; aus der Menschenmenge ragen eine Fahne und mehrere Lanzen hervor.

Der bedeutsamste Unterschied zur *Kreuzigung* am Isenheimer Altar jedoch betrifft die Darstellung des Gekreuzigten selbst: Giotto zeigt ihn körperlich unversehrt, ohne Dornenkrone, bekleidet mit einem leicht durchsichtigen, bis zu den Knien reichenden, weißen Lendentuch, das mit senkrecht fallenden, gestickten Goldborten verziert ist. Zu dem vornehmen Lendentuch passt das Gewand, um das sich die Soldaten streiten und das von ihnen so gehalten wird, dass es dem Betrachter vor dem

Bild geradezu präsentiert wird: ein kostbarer, seidig glänzender, leuchtend roter Stoff, der ebenfalls reich mit goldenen Zierborten geschmückt ist – ein wahrhaft königliches Gewand!

Historisch-kritisch gesehen sind diese Details ‚Fehler‘. Doch wissen wir nun, dass gerade in ihnen die eigentliche Aussage des Bilds angedeutet wird. Einerseits zeigen sie an, dass es eindeutig *nicht* Giottos Absicht war, das Geschehen während der Kreuzigung zu rekonstruieren, wie es die Bibel erzählt. In diesem Fall hätte er Christus nicht derart makellos und bekleidet mit einem so prächtigen Lendentuch zeigen dürfen. Zweifellos soll der Gekreuzigte hier *nicht* leidend wirken, *nicht* grausam zugerichtet, *nicht* durch Folter und einen qualvollen Tod entstellt. Stattdessen sehen wir ihn unversehrt und noch das Lendentuch offenbart seine Würde, die auf der Tafel über seinem Kopf ausdrücklich – nicht abgekürzt zu INRI – verzeichnet ist: *Rex Judaeorum*, „der König der Juden“.

Giotto zeigt Christus in seiner königlichen Würde.

Zudem weist das weiße Lendentuch bereits auf seine Auferstehung voraus. Nur zwei Bildfelder weiter auf der Südwand der Arenakapelle ist der Auferstandene in der *Noli me tangere*-Szene zu sehen, und dort trägt er ein prächtiges, leuchtend weißes Gewand, das mit ähnlichen Goldborten verziert ist, wie sie am Lendentuch bei der Kreuzigung zu sehen sind. Ebenso verhält es sich bei der *Himmelfahrt Christi*, die wiederum im Bildfeld rechts neben der Gartenszene zu sehen ist. Die Auferstehung, damit der Sieg über Sünde und Tod, ist in der Darstellung der Kreuzigung also bereits mit angelegt. Der Betrachter des Bilds, der für diese Zeichen empfänglich ist und sie zu lesen versteht, wird auf diesen Zusammenhang verwiesen, und so ist es nur folgerichtig, dass Christus auch am Kreuz nicht als Leidender, sondern auf subtile Weise als zukünftiger Herrscher gezeigt wird.

Zugleich ist Giotto aber auch der eucharistische Bezug wichtig. Das machen die kleinen Engelsgestalten deutlich, die mit Kelchen das Blut Christi aus der Seitenwunde und den Wunden an den Händen auffangen. Entsprechend mag die Makellosigkeit und Reinheit des Leibs Christi auf das ‚makellose Opferlamm‘ verweisen, als das Christus im Hochgebet einer jeden Eucharistiefeier bezeichnet wird und mit dem der Gläubige Anteil an der Erlösung erhält.

Und ein Weiteres zeichnet Giottos Art der Darstellung zukunftsweisend aus: Vor allem an der Gruppe in der linken Bildhälfte, aber auch an den Figuren der Engel drückt der Künstler mimisch und gestisch Mitleid und Verzweiflung aus. Das war bis zu diesem Zeitpunkt in-

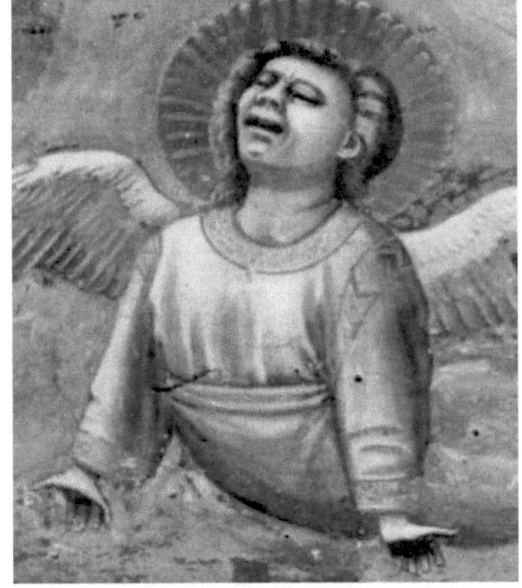

Giotto di Bondone,
Trauernder Engel;
Detail aus der
„Beweinung Christi“,
1304–1306;
Padua, sog. Arena-
kapelle

nerhalb der abendländischen Kunstgeschichte nicht üblich gewesen. Gesichter waren bisher generell hieratisch* unbewegt dargestellt worden, und so wird auch noch weiterhin verfahren, bis zu den frühesten Porträts, die sich erhalten haben,[39] und noch bis tief in das 15. Jahrhundert hinein. Giotto aber beginnt damit, Gemütszustände einzelner Figuren in ihrem Gesichtsausdruck kenntlich zu machen, was in seinen Bildern an vielen Stellen zu beobachten ist. Auf der Darstellung der Kreuzigung (*Abb. 4*) ist es bei den trauernden Frauen und Johannes zu sehen, ebenso bei einer Reihe von Engeln – derjenige, der das Blut aus der Seitenwunde Christi auffängt, wird durch die trauernden Frauen sogar abgelenkt und scheint selbst zu weinen, der Engel auf der anderen Seite Christi zerreißt vor Trauer sein Gewand über der Brust.

Während Giotto also vor allem jene theologischen Geheimnisse in seinen Bildern konkret werden lässt, die auch die Grundgedanken des Neuen Testaments sind, vorsichtig bereichert um den Aspekt einer gewissen Emotionalität, die er in dem Ereignis entdeckt, geht Mathis Gothart Nithart in der *Kreuzigung* am Isenheimer Altar ganz anders vor. Einerseits rückt er unübersehbar den Aspekt des Leidens ins Zentrum seiner Aufmerksamkeit. Christi Leib ist zerschunden, übersäht mit zahlreichen Wunden. Die riesige Dornenkrone umgibt sein Haupt wie ein Geflecht aus Stacheldraht und gräbt sich tief in seine Haut ein. Zudem fällt die Farbe seines Körpers auf, die gegenüber der makellosen Reinheit des Gekreuzigten in Padua geradezu abstoßend wirkt, als wäre der Leib bereits in den Zustand der Verwesung übergegangen. Das Lamm, auf das die Makellosigkeit des Leibs Christi bei Giotto verweist, taucht auf dem Isenheimer Altar nur als

Attribut des Täufers Johannes auf, nicht aber als Hinweis auf Eucharistie und Jüngstes Gericht.

Andererseits vermeidet Mathis eine allzu offensichtliche, theologisch-abstrakte Überhöhung: So fallen die Engel weg, die den eucharistischen gemeinsam mit dem eschatologischen* Bezug deutlich machen; durch die Gegenwart der Engel wird die Kreuzigung in der Arenakapelle zu einem Teil der Heilsgeschichte, einem notwendigen Durchgangsstadium auf dem Weg zur Parusie, der Wiederkehr Christi am Ende der Zeiten. Auch fallen bei Mathis die Nimben weg, die bei Giotto noch die Heiligen auszeichneten. Auf diese Weise rücken die dargestellten Personen dem Betrachter und seiner Welt näher. Die tiefverschleierte, leichenblasse Muttergottes, die in die Arme des Johannes sinkt, wirkt kaum mehr wie die ‚Gottesmutter‘, eher wie eine mitleidende Angehörige, eine wirkliche Mutter, die durch das Leid ihres Sohns überwältigt wird.

Mathis rückt die Kreuzigung Christi dem Betrachter also sehr viel näher, als es Giotto tut. Selbst der maßlos leidende, übergroße Christus, der über den vorderen Bildrand hinweg in den Raum des Betrachters hineinragt, ist in keiner Weise verklärt oder überhöht, wirkt stattdessen so echt und wirklich, dass der Betrachter sehr viel leichter als in Padua einen empathischen Zugang findet; er könnte sich an die Seite des Jüngers Johannes stellen und der Muttergottes zu helfen suchen, oder er könnte an der Seite Maria Magdalenas niederknien und mit ihr den leidenden Christus beklagen. So nahe rückt die Szene an die Wirklichkeit des Betrachters heran.

Jan van Eyck

In der Geschichte der Ikonographie der *Kreuzigung Christi* gibt es in der auf Giotto folgenden Zeit zahlreiche Entwicklungen. Im Grunde wird die Szene immer mehr ausgeschmückt, die erzählerischen Elemente nehmen immer mehr Raum ein. Das geht bis zu fast eigenständigen Sekundärerzählungen im Bild wie der immer weiter ausgeschmückten Legende des Hauptmanns, der nun den Namen Longinus trägt und von dem die Legende erzählt, dass er blind gewesen, aber durch den Kontakt mit dem Blut Christi während des Lanzenstoßes geheilt worden sei. Andererseits werden rein theologisch zu verstehende Symbole wie *Ecclesia* und *Synagoga** oder auch *Sol* und *Luna** immer seltener dargestellt. Das ‚Ereignisbild‘ scheint sich auch im Fall der *Kreuzigung Christi* durchsetzen zu wollen. Entsprechend entwickelt sich beispielsweise der Typus des ‚Volkreichen Kalvarienbergs‘, der sämtliche in der Bibel und diversen Legenden erzählte Ereignisse auf der Bildtafel zeigt und durch eine riesige, die gesamte Bildfläche überziehende, wimmelnde Menschenmenge miteinander verbindet (*vgl. Abbildung nächste Seite*).

Aber auch reduzierte, eher zur Meditation anregende Typen wie der fünf- oder der streng symmetrische, dreifigurige Typus werden in der wachsenden Vielfalt ikonographischer Möglichkeiten über lange Zeit hinweg beibehalten. Die Bandbreite der Möglichkeiten ist groß, und sie wird den unterschiedlichen Stiftungs-Anlässen entsprechend ausgeschöpft.

Ein Künstler, von dem beide Typen belegt sind, ist der frühniederländische Maler Jan van Eyck (1390–1441). Im so genannten New Yorker Diptychon*, das formal stark von der Buchmalerei beeinflusst ist, nimmt der

‚Volkreiche Kalvarien-
berg' die gesamte linke
Tafel des kleinen
Diptychons* ein, wobei
wirklich alles darge-
stellt zu sein scheint,
was der Bibel und den
Legenden zufolge zum
Ablauf der Kreuzigung
hinzugehört, mit deut-
lichem Augenmerk auf
der Gruppe der trau-
ernden Frauen mit der
Muttergottes in ihrer
Mitte.

Im Hintergrund ist
zudem eine Ansicht
Jerusalems und eine
weite Landschaft zu er-
kennen, die in der Fer-
ne von einer alpenarti-
gen Bergkette begrenzt
wird. – Wer bedenkt,
dass die Tafel nur 56,5
cm hoch und 19,7 cm

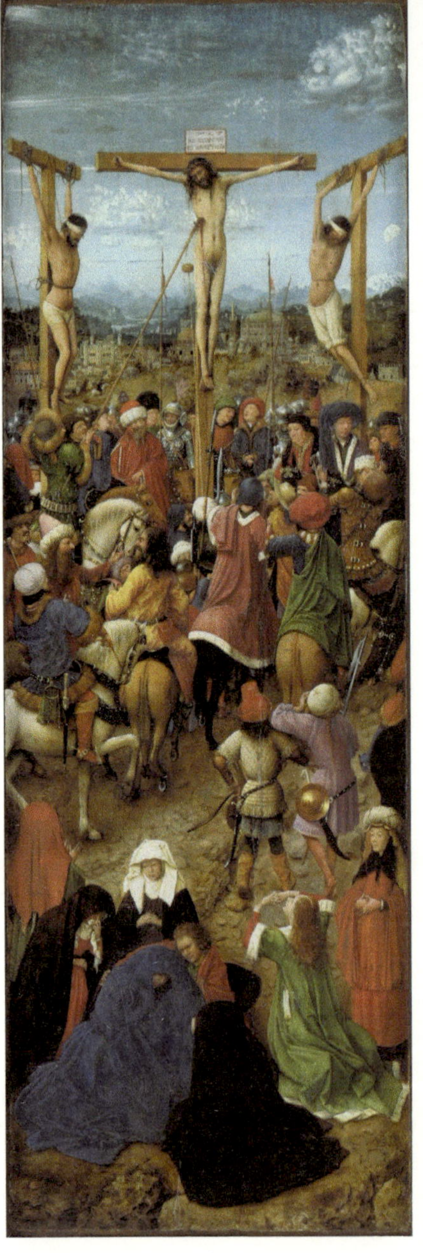

*Jan van Eyck, Kreuzigung
Christi; sog. New Yorker
Diptychon (linke Tafel),
um 1440; New York,
Metropolitan Museum*

breit ist, kann sich die unglaubliche Feinteiligkeit der Malerei vorstellen. Aber es ist auch unmittelbar nachvollziehbar, wie anders die Betrachtung dieses ‚Ereignisbilds‘ gegenüber einem Andachtsbild mit nur drei, vier oder fünf Figuren abläuft. Bei ersterem geht es um Erkennen, Identifizieren, um Erzählung und möglicherweise sogar um Unterhaltung – nicht allein der Hintergrund regt dazu an, sich durch die Malerei fesseln und von der Meditation theologischer Mysterien ablenken zu lassen.

Das formal reduzierte Andachtsbild funktioniert ganz anders.

Jan van Eyck hat auch ein solches Bild der Kreuzigung Christi gemalt. In der Berliner Gemäldegalerie befindet sich eine 43 x 26 cm kleine Tafel, von der seit langer Zeit umstritten ist, ob sie von Jan van Eyck selbst stammt oder ob es sich um eine meisterhafte Kopie eines seiner Werke handelt (*Abb. 5*).

In diesem Fall ist die Komposition ganz anders als beim New Yorker Diptychon auf nur drei Figuren reduziert, die nahe an den vorderen Bildrand gerückt sind. Christus hängt an einem sauber gezimmerten Kreuz, an dem oben die Tafel mit dem mehrsprachig geschriebenen Grund für seine Verurteilung angebracht ist. Links und rechts unter dem Kreuz stehen die Gottesmutter Maria und Jesu Lieblingsjünger Johannes, erstere, die Hände ringend, in stiller Trauer versunken, letzterer offenbar heftig weinend. In einigem Abstand hinter dem Kreuz und einer abwechslungsreichen Landschaft mit einem entlaubten und einem laubtragenden Baum (wie auch einer Windmühle auf einem Hügel) wird eine Stadtansicht erkennbar, die sich durch eine Reihe repräsentativer Gebäude mit unterschiedlichen Formen von Türmen auszeichnet. Fast genau in der Mitte, direkt unterhalb des gesenkten Haupts Christi, ragt ein auffällig massiver,

kuppelbekrönter Zentralbau mit vier kleinen Ecktürm-
chen aus der Stadtsilhouette hervor, der zweifellos symbolisch für den Tempel in Jerusalem steht. Sehr weit
hinten erheben sich hohe, schroffe, zum Teil schneebe-
deckte Berge, darüber wölbt sich ein blauer Himmel, der
nach oben hin dunkler wird.

Schon beim ersten Blick fällt auf, dass *dieser* Christus,
dessen Haupt von einem goldenen Strahlenkranz hinter-
fangen wird, leidet. Er hat die Augen (wohl) geschlossen,
doch ist der Mund noch schmerzlich geöffnet. Sein
Haupt ist geneigt, allerdings nicht so tief und gänzlich
kraftlos wie am Isenheimer Altar. Vor allem ist der Körper blutüberströmt. Das helle, fast leuchtende Rot des
Bluts kontrastiert auffallend mit der blassen Inkarnatfarbe
und es läuft in Strömen am Körper herab: von den Händen tropft es zum Teil direkt auf den Boden, zum Teil
läuft es an den Armen Christi hinunter und fällt dann
vom Ellenbogen hinab. Die von der fest geflochtenen
Dornenkrone verursachten Wunden bluten stark, auch
der Oberkörper weist viele Blutspuren auf. Vor allem aus
der Seitenwunde strömt das Blut, es rinnt über den
Bauch, das durchsichtige Lendentuch und die Beine bis
zur Wunde an den Füßen Christi, die ebenfalls so stark
blutet, dass sich ein heller Blutstrom am Kreuzstamm
hinab bis auf die Erde ergießt; dort versickert er zwischen
den Keilen, die das Kreuz im Boden fixieren.

Dieser Christus also hat einen echten Todeskampf ge-
kämpft und obwohl es vom Ablauf her unstimmig ist –
die Seitenwunde müsste den bereits eingetretenen Tod
signalisieren –, scheint sein letzter Lebenshauch erst in
diesem Augenblick dem geöffneten Mund zu entströmen.
Vielleicht stöhnt er auch noch sein „Es ist vollbracht"
(Joh 19,30b) hervor, zweifellos eines der eindrucksvollsten

Worte Christi am Kreuz, das der Erschlaffung seines Körpers im Tod unmittelbar vorausgeht.

Auffällig ist auch der Kontrast, den die drei monumental wirkenden Figuren zum Hintergrund bilden. Sie sind so dicht am vorderen Bildrand und so bildbeherrschend positioniert, dass sie dem Betrachter sehr nahe rücken, er „unausweichlich mit ihnen konfrontiert ist", wie Hans Belting formulierte: „Die *ikonische Präsenz* ist perfekt." Diesem Zweck dienen auch die auffällig plastisch gestalteten „Gewandmassen, deren Knitterungen und Konturen die Körper artikulieren und zum ‚Greifen' nah sind."[40] Der Betrachter wird auch hier in das Geschehen einbezogen, als würde er mit Maria und Johannes unter dem Kreuz stehen und gemeinsam mit ihnen um Christus trauern.

Der Vergleich mit dem Isenheimer Altar macht deutlich, dass trotz der Ähnlichkeiten große Unterschiede bestehen. Der Körper Christi bei Mathis wirkt gänzlich anders. Wiederum fällt seine eigenartige Färbung auf, die maßgeblich zu seiner geradezu schauerlichen Wirkung beiträgt. Darüber hinaus wird erneut deutlich, dass alle Blutspuren am Isenheimer Altar von den großen Wundmalen an den Händen und der Seite sowie von der Dornenkrone herrühren, obwohl der Körper buchstäblich mit Wunden übersät ist. Schließlich fällt das verhältnismäßig *wenige* Blut auf, das zu sehen ist. Die Haut ist an unzähligen Stellen aufgerissen, aber es tritt nur an den Wundmalen der Hände und Füße, am Kopf und aus der Seitenwunde Blut hervor.

Und noch ein Unterschied wird bei einem direkten Vergleich deutlich: Trotz der gegenüber dem Isenheimer Altar geradezu winzigen Ausmaße der Berliner Tafel schafft es van Eyck, den Blick des Betrachters durch unzählige Kleinigkeiten von der zweifellos ergreifenden und zur Kontemplation der Leiden Christi und des Mitleidens Mariens (*Compassio**) einladenden Darstellung im Vordergrund abzulenken. Das ist auf der Altartafel in Colmar ganz anders. Der in die im Evangelium erwähnte Finsternis gehüllte Hintergrund bietet hier keine Möglichkeit, die Aufmerksamkeit vom Geschehen im Vordergrund zu lösen. Der Betrachter wird stattdessen angehalten, ganz bei dem Mysterium zu verweilen, das mit der ungewöhnlichen Darstellung verbunden ist. Fast hätte Mathis, der formal und inhaltlich noch weit mehr dem Mittelalter verbunden ist, als es Künstler wie Dürer, Cranach oder Hans Baldung Grien sind, auch einen Goldhintergrund malen können; allerdings würde vor diesem der Körper des Gekreuzigten nicht in der gleichen Weise wirken, wie er es vor dem nahezu schwarzen Hintergrund tut.

Der *Crucifixus dolorosus* in St. Maria im Kapitol

Wenn wir an der *Kreuzigung* am Isenheimer Altar beobachten, dass sie sich gegenüber den anderen Darstellungen desselben Bildvorwurfs durch eine ungewöhnlich drastische Darstellungsweise auszeichnet; dass selbst bei Jan van Eyck, der gegenüber Giottos *Kreuzigung* wesentlich mehr Wert auf den Aspekt des Leidens Christi gelegt hat, die Darstellung noch immer spürbar der Grausamkeit nachsteht, die den Körper des Gekreuzigten bei Mathis auszeichnet; wenn die *Kreuzigung* am Isenheimer Altar also vor allem durch die schreckliche Art der Darstellung des Körpers Christi auffällt, dann macht es Sinn, nach Bildern zu suchen, die derjenigen des Isenheimer Altars vor allem in dieser Hinsicht gleichen.

Die grausamsten Darstellungen des Gekreuzigten in der gesamten mittelalterlichen und frühneuzeitlichen

Kunst sind die so genannten *Crucifixi dolorosi* („schmerzensreiche Gekreuzigte"), auch Gabel- oder Pestkreuze genannt. Dabei handelt es sich um ein Phänomen, das vor allem seit dem frühen 14. Jahrhundert zu finden ist. Es fällt zeitlich nur ungefähr mit dem Auftreten der großen Pest-Epidemien in Europa seit 1348 zusammen, die von denen, die sie erlebten, in der Tradition des Alten Testaments als Strafe Gottes und als Vorbote des Jüngsten Gerichts verstanden wurden.[41] Der Name ‚Pestkreuz' legt es nahe, die blutrünstigen Darstellungen mit dem Ereignis des ‚Schwarzen Tods' in Verbindung zu bringen; allerdings bricht die verheerende Pest, die mehr als 25 Millionen Menschen das Leben gekostet und die europäische Bevölkerung um rund ein Drittel dezimiert haben soll, erst gegen Mitte des Jahrhunderts (1347/48) aus, während eine Reihe dieser Kreuze bereits aus früherer Zeit stammen. Der Auslöser für die Entwicklung des Typs wird also unabhängig von der Seuche zu suchen sein.

Die kunsthistorische Literatur bezeichnet die Art der Darstellung dieser Kreuze außerdem häufig als „realistisch". Gelegentlich wird sogar versucht, die Spuren auf dem Körper Christi bestimmten Folterinstrumenten zuzuschreiben und den genauen Zeitpunkt innerhalb des historischen Kreuzigungsvorgangs zu bestimmen. Robert Suckale hat bereits vor einer Reihe von Jahren darauf hingewiesen, dass eine solche „vorschnelle Etikettierung dieser Kunst als ‚realistisch' [...] den Weg zum Verständnis eher zu verbauen" droht.[42] Tatsächlich geht es auch hier ja *nicht* um eine historisch-kritische Rekonstruktion des Kreuzigungsgeschehens. Das wäre im Übrigen ziemlich platt und würde mehr Neugierde und Schaulust befriedigen, die im Kirchenraum *so* sicher keinen Platz hat. Nicht die sichtbare Welt, die ‚Realität', wird hier zum Gegenstand künstlerischer Darstellung, sondern ein theologisches, sich nur der andächtigen Betrachtung erschließendes Geheimnis. Auch diese Kreuze am Beginn des 14. Jahrhunderts sind noch *Kult*-, nicht *Kunst*gegenstände – und sie sind schon gar keine mimetisch* vorgehenden Versuche der Rekonstruktion einer biblischen Szene. Als solche – als *Kult*gegenstände – sollten sie betrachtet und gedeutet werden.

Ein besonders ausdrucksstarkes Beispiel für diesen Typus des Gekreuzigten befindet sich in der Kölner Kirche St. Maria im Kapitol (*Abb. 7*). Die geradezu abstoßende Art der Darstellung der entsetzlichen Qualen hat diesem Typus seinen Namen *Crucifixus dolorosus* eingebracht. Das Kölner Kreuz wird traditionell in das Jahr 1304 datiert.[43]

An einem Kreuz, das einer dreizinkigen Gabel gleicht, deren äußere Zinken nach außen gebogen sind, und das außerdem nicht aus behauenen Balken, sondern aus Ästen mit Astansätzen besteht, hängt der nahezu weiß gefasste *Crucifixus*. Seine dünnen Arme, an denen, wie an den Beinen, die Adern plastisch hervortreten, das extrem tief herabhängende Haupt, der verzerrte, aufgedunsene Brustkorb mit dem schmerzhaft verkrampften Bauch und die stark angewinkelten Beine sind blutüberströmt. Das Blut rinnt von den Wundmalen in Bächen am Körper herab, der zusätzlich übersäht ist mit Wunden, aus denen ebenfalls Blutfäden rinnen. Die Seitenwunde ist von einem Blutstrom umgeben, der über die hervorstehenden Rippen wie über Stromschnellen hinweg fließt.

Nicht weniger beeindruckend als der verkrampfte, blutüberströmte Körper ist das Gesicht des Gekreuzigten. Hier wird deutlich, dass Christus noch nicht tot ist: Die Augen sind noch nicht vollständig geschlossen, die Gesichtszüge sind noch verzerrt, der Mund ist noch nach Atem ringend geöffnet. Die Gesichtshaut ist in tiefe Falten gelegt und durch die krampfhaft zurückgezogenen Lippen werden die weißen Zähne sichtbar, was den Eindruck der Qual des Gekreuzigten um ein Vielfaches verstärkt.

Der *Crucifixus dolorosus* in St. Maria im Kapitol gehört zu den ausdrucksstärksten Darstellungen des leidenden, gekreuzigten Christus, die im Mittelalter geschaffen wurden. Er wirkt so grauenerregend, dass sein Anblick für einige Besucher der Kirche bis heute kaum erträglich ist.

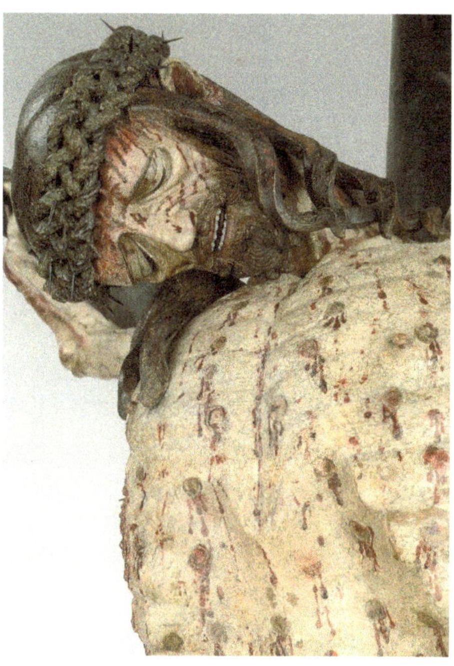

Bei einer 2001 abgeschlossenen Restaurierung konnten Fachleute den *Crucifixus* eingehend untersuchen. Dabei stellte sich unter anderem heraus,

❖ dass Kreuz und *Corpus* nicht ursprünglich zusammengehörten. Offenbar ist das Kreuz „zu einem unbekannten Zeitpunkt in Zweitverwendung mit dem Korpus verbunden worden." Allerdings entstammt das heute montierte Gabelkreuz wie der *Corpus* dem Mittelalter.[44]

❖ Die Figur des Gekreuzigten selbst ist außerdem wohl nicht in Köln oder wenigstens nicht von einem Kölner Meister geschaffen worden. Vielleicht war es ein italienischer Meister, der den *Corpus* schuf, aber vergleichbaren Werken in Straßburg und Freiburg zufolge könnte er auch vom Oberrhein gekommen sein.[45]

❖ Es wurden insgesamt drei Malschichten (Fassungen*) auf dem *Corpus* gefunden, von denen die oberste, die wohl aus dem 19. Jahrhundert stammte, bei der Restaurierung entfernt wurde. Die darunter erhaltenen Farbschichten stammen offenbar beide aus dem Mittelalter.[46] Die im Zuge der Restaurierung freigelegte Zweitfassung gehört noch dem Spätmittelalter an, der Schätzung des Restaurators Hans-Wilhelm Schwanz zufolge der Zeit nach 1400.[47]

❖ Schließlich zeigte sich, dass der Künstler Textilien (Leinwand) und Schnüre in die Grundierung der Skulptur eingearbeitet hat, um Adern, Sehnen und nicht zuletzt Blutströme plastisch hervortreten zu lassen. Auf diese Weise wurde die Wirkung der Darstellung noch zusätzlich verstärkt.[48]

Mit der Darstellung des Gekreuzigten am Gabelkreuz in St. Maria im Kapitol sind wir verhältnismäßig nahe bei jener, die Mathis für die Darstellung am Isenheimer Altar wählte – was übrigens schon 1914 gesehen wurde; damals beschrieb Wilhelm Pinder das Kölner Kreuz als „grausig, wie von einem ersten Grünewald."[49] Indessen fällt auch hier ein erheblicher Unterschied ins Auge: Der Körper des Gekreuzigten in St. Maria im Kapitol ist sehr hell gefasst,[50] zweifellos um die zahllosen Wunden und das Blut, das ihnen entströmt, umso deutlicher hervortreten zu lassen.

Eine zweite Beobachtung fällt beim Vergleich mit dem Kölner *Crucifixus* auf. Dort blutet jede einzelne der zahlreichen Wunden. Die offenen Wunden in Colmar dagegen (*Abb. 6*) bluten nicht, scheinen stattdessen wie von innen heraus zu glühen. Viele von ihnen werden von einem bläulichen oder grünlichen Hof umgeben. Einige scheinen sogar *unter* der Haut zu liegen wie ein Hämatom: dort färbt sich die Haut mehr oder weniger dunkel, doch sie bricht nicht auf, ist nicht zerrissen. Immer wieder stellt sich der Eindruck ein, dass – ganz anders als bei Jan van Eyck und selbst beim *Crucifixus dolorosus* – der Körper Christi am Isenheimer Altar bereits verwest.

Am Kruzifix in Köln scheint es vor allem um eine möglichst eindringliche Darstellung der schrecklichen Qualen des Gekreuzigten zu gehen, die das Leiden Christi für den Gläubigen emotional besonders gut nachvollziehbar macht und den empathischen, mit-leidenden Zugang unterstützt. Im Zuge der seit der im späten 12. Jahrhundert entstehenden Leidensmystik wurde ein solcher Zugang zum ‚Mysterium des Kreuzes‘ in der Zeit der Entstehung des Kölner Werks besonders gesucht – und dies schon deutlich vor dem Ausbruch der Pest in der Mitte des 14. Jahrhunderts. Bernhard von Clairvaux († 1153), dessen Schriften von maßgeblicher Bedeutung für diese Art der Mystik waren, empfahl ausdrücklich die intensive Versenkung in die Passion Christi und den emotionalen Nachvollzug der Schmerzen, die der unschuldig leidende Erlöser auf seinem Leidensweg erlitten hat. Diese Art der Meditation wurde von Franziskanern und Dominikanern seit dem frühen 13. Jahrhundert aufgegriffen und über ganz Europa verbreitet. Die volkssprachigen Predigten und Schriften der Mystiker Meister Eckhart (um 1260–1328), Johannes Tauler (um 1300–1361) und Heinrich Seuse (um 1295–1366) fanden weite Verbreitung gerade unter den Laien. Der *Crucifixus dolorosus* in St. Maria im Kapitol stellt eine höchst inspirierende bildliche Vorlage für eine solche Meditation dar.

Die Darstellung des geschundenen Körpers und der Qualen des gekreuzigten Christus am Isenheimer Altar dagegen ist konkreter. Der Maler scheint sich in seiner Art der Darstellung, die dem heutigen Betrachter unlogisch und ahistorisch erscheint, an einem ganz bestimmten Vorbild orientiert zu haben, auf das er Bezug nimmt. Anders sind die ‚glühenden‘ Wunden, die nicht bluten, und die faulig wirkenden Verfärbungen der Haut kaum zu erklären.

Damit stoßen wir erneut auf das Phänomen scheinbarer ‚Fehler‘ in Kunstwerken, eine Vorstellung, die auf das 17. und 18. Jahrhundert zurückgeht, als sich der Kunstgeschmack an der Antike schulte und künstlerischer Rang an der Nähe zu den Schönheitsidealen der Griechen und Römer bemaß.[51] Inzwischen wissen wir jedoch, dass es solche ‚Fehler‘ bei einem Kunstwerk vom Rang des Isenheimer Altars nicht gibt. Mathis weicht hier in so eklatanter Weise von dem ab, was wir als ‚historisch richtig‘ und zudem in der Geschichte des Bildmotivs üblich kennen, dass nur *ein* Schluss möglich ist: Der Maler *wollte* es so; hinter der überraschenden Art der Darstellung steckt eine konkrete Absicht. Tatsächlich ist uns längst bekannt, dass die so genannten Fehler Fingerzeige des Malers sind, die, wenn man sie ernstnimmt und sie richtig versteht, zu einer ganz bestimmten Aussage des Bilds führen. In diesem Fall führt die sich daraus ergebende Deutung in eine ganz andere Richtung als die Darstellungen Giottos, van Eycks oder des *Crucifixus dolorosus* in Köln. Jedes dieser Werke konkretisiert das dargestellte Ereignis in einer ganz eigenen Weise, die auf die jeweilige Situation Bezug nimmt, für die es geschaffen wurde. Die *Konkretisierung* des Ereignisses dient nicht der Rekonstruktion, sondern seiner *Aktualisierung*. Es geht nicht um die Frage, wie etwas *war*, sondern wie es *ist* beziehungsweise welche Auswirkungen es auf die Gegenwart und die Zukunft des Betrachters – der immer gläubiger Christ und Beter ist, nicht Kunstliebhaber – haben wird. Die Bilder geben jeweils eine ganz spezifische Antwort auf die Frage des Gläubigen, was das in der Bibel geschilderte Ereignis für ihn und sein Seelenheil bedeutet:

❖ Giottos Antwort lautete, dass der gläubige Christ über die Eucharistie Anteil am Tod Christi, des makellosen Opferlamms, erhält und damit auch darauf hoffen darf, an seinem Sieg über Sünde und Tod und an seiner Herrschaft am Ende der Zeit Anteil zu erhalten;

❖ Jan van Eyck betonte den Aspekt des Leidens Christi, wodurch er in geradezu klassischer Weise zum meditativen Mit-Leiden, zur *Compassio**, aufforderte, zu jener prominentesten Form der Nachfolge Christi, welche die Grundlage des christlichen Lebenswandels schlechthin ist und von der Gottesmutter Maria und dem Jünger Johannes im Bild exemplarisch vorgeführt werden;

❖ der *Crucifixus dolorosus* in Köln schließlich stellt dem angesichts seines sündhaften Lebenswandels verzweifelnden Gläubigen die unvorstellbare Größe des Opfers gegenüber, das der Sohn Gottes auf sich genommen hat, um damit den Menschen zu erlösen, setzt ihn damit aber auch unter Zugzwang, dieses Opfer nicht unnütz zu vergeuden oder sich ihm gar zu verschließen.

Entsprechend lauten die Schlüsselfragen zur Deutung der *Kreuzigung* am Isenheimer Altar:

❖ In welche konkrete, historische Situation hinein wurde
das Bild geschaffen?

❖ Welche Aktualisierung des Kreuzestods Christi betraf
die Gläubigen, die vor dieses Bild traten?

❖ Welche Botschaft entsprach dem Anliegen des Auftraggebers und der Betrachter, die angesichts des Bilds
das Geheimnis der Kreuzigung Christi meditierten?

Mit diesen Fragen rücken die historischen Nachrichten
zum Auftraggeber und den Umständen der Stiftung in
den Blick, die sich erhalten haben. Immerhin war die
Darstellung der Kreuzigung Christi nicht ‚übliches Beiwerk' des Auftrags, sondern nahm einen höchst promi-
nenten Platz am Altarretabel ein: sie war, was für die
Kreuzigung ohnehin ungewöhnlich ist, im *geschlossenen*
Zustand des Altars zu sehen. Da an einem Werktag die
Tafeln gewöhnlich zugeklappt blieben, war die *Kreuzigung*
auf diese Weise nicht nur ausnahmsweise, an hohen und
höchsten kirchlichen Festtagen den Blicken der Gläubigen ausgesetzt, sondern den größten Teil des Kirchen-
jahrs über sichtbar.

Schon diese Tatsache regt zu Fragen an: Warum war die
Kreuzigung, die neben der *Auferstehung* die zentrale Schlüsselszene des gesamten Neuen Testaments ist, nicht besonderen Anlässen vorbehalten, sondern alltags zu sehen, wo-
hingegen an den Feiertagen die Heiligen Antonius, Augustinus und Hieronymus gezeigt wurden oder Szenen aus dem
Leben Jesu und Mariens wie die *Verkündigung*, das
Engelskonzert und die *Geburt Christi*?

HISTORISCHE UMSTÄNDE DER STIFTUNG

Der Isenheimer Altar gehört einem „theologischen und künstlerischen Universum" an, das zur Zeit der Entstehung des Retabels* bereits „im Begriff war niederzugehen, das unweigerlich dazu bestimmt war zu verschwinden."[52]

Seinen Namen trägt er von seinem ersten Aufstellungsort, dem elsässischen Antoniter-Kloster in Isenheim, 25 Kilometer südlich von Colmar. Die Antoniter, ein aus einer im 11. Jahrhundert gegründeten Laienbruderschaft hervorgegangener Hospitaliterorden*, betrieben dort ein Spital.

Dem Programm des Altars mit seinen zahlreichen Bezügen zum Mönchsvater Antonius zufolge ist er ohne jeden Zweifel als Auftragswerk für dieses Kloster entstanden. Man geht davon aus, dass der Auftrag auf die Präzeptoren (Vorsteher) Jean d'Orlier († 1490) und/oder – wahrscheinlicher – Guy Guers († 1516) zurückging[53] und dass Mathis zwischen 1512 und 1516 an den Tafeln arbeitete, möglicherweise in Straßburg, vielleicht sogar in der Werkstatt des Nikolaus von Hagenau, der gleichzeitig an Skulpturen und Rahmen des Altars arbeitete. Allerdings sind diese Umstände in der Forschung umstritten. Eine lokale Kirchenchronik aus der Zeit um 1540 berichtet, dass der Altar von Guy Guers aufgestellt wurde.[54] Der Zeitpunkt, *vor* dem der Altar vollendet wurde, dürfte damit verhältnismäßig sicher sein: das Todesjahr des Präzeptors Guy Guers, 1516. Und die Forschung ist sich einig, dass zumindest Mathis erst *nach* 1512 damit begonnen haben kann.

Obwohl der Orden der Antoniter seit dem 14. Jahrhundert trotz zahlreicher Reformversuche im Niedergang begriffen war, zeichnet sich die Stiftung des Altars an vielen Stellen durch spürbare Großzügigkeit aus, als wenn nahezu unbegrenzte Mittel zur Verfügung gestanden hätten. Nicht zuletzt deutet darauf die Beschäftigung des Nikolaus von Hagenau hin, der zu den bedeutendsten Künstlern der Zeit und der Region zählte. Er schuf den so genannten Schrein des Altars, in dem, von kostbarem, vergoldetem Schnitzwerk bekrönt, unter anderem die monumentalen Figuren der Heiligen Antonius, Augustinus und Hieronymus Aufstellung fanden. Und er schuf wohl auch das aufwändige Gesprenge* mit weiteren Figuren unter filigranen Baldachinen und kunstvollen, zerbrechlich wirkenden Fialen* – jedenfalls wenn die Rekonstruktion des Colmarer Bildhauers Théophile Klem aus dem Jahr 1905 stimmt (*Abb. 3*).[55] Denn der Altar

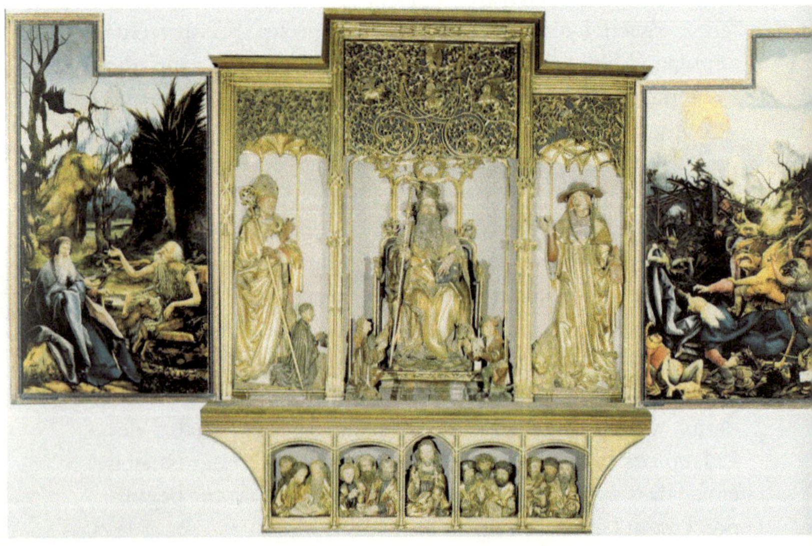

Nikolaus von Hagenau und Mathis Gothart Nithart,
Isenheimer Altar, Festtagsseite

wurde im Zuge der Französischen Revolution zerlegt und nach Colmar transportiert. 1853 gelangten Bilder und Schrein in die Kapelle des ehemaligen Unterlinden-Klosters, in die Obhut der Honoratioren der Colmarer Schongauer-Gesellschaft.[56]

Mathis Gothart Nithart war also wohl zwischen 1512 und 1516 mit dem Altar beschäftigt. Ansonsten – seriöse Kunsthistoriker werden nicht müde, immer wieder darauf hinzudeuten – weiß man nichts Sicheres über Art und Umfang des Auftrags, über die Vorstellungen des Auftraggebers und auch nicht über den Ort, an dem die Bilder gemalt wurden.

Die Antoniter und der Ergotismus

Der Antoniterorden breitete sich seit dem 12. Jahrhundert rasch über das gesamte Gebiet der römischen Kirche aus. Von seinem Mutterhaus in dem nördlich von Grenoble gelegenen La-Motte-aux-Bois, seit dem 14. Jahrhundert Saint-Antoine-en-Viennois genannt, wurden insgesamt bis zu 370 Außenstellen, so genannte Präzeptoreien, gegründet. Deren Kosten wurden durch Almosensammlungen, Schenkungen und die Unterhaltung des so genannten Antoniusschweins durch die Gläubigen der entsprechenden Orte gewährleistet.[57]

Hauptaufgabe und wohl auch das Geheimnis des schnellen Erfolgs war die Bekämpfung einer geheimnisvollen Krankheit, die in der zeitgenössischen, medizinischen Literatur mit unterschiedlichen Namen benannt wurde. Die verbreitetsten waren ‚Heiliges Feuer' (*ignis sacer*) und Antoniusfeuer; heute wird sie als Ergotismus bezeichnet und meint eine Vergiftung durch Mutterkornalkaloide (Ergotamin, Ergometrin).

Die Krankheit lässt sich seit dem 9. Jahrhundert nachweisen und breitete sich vor allem im 11. und 12. Jahrhundert insbesondere im Zusammenhang mit Hungersnöten in ganz Europa aus, in Frankreich sogar in Form regelrechter Epidemien. Nach der Mitte des 13. Jahrhunderts scheint sie zurückgegangen zu sein.

Erst im 18. Jahrhundert erkannte man ihre Ursache, die Vergiftung des Getreides durch einen schmarotzenden Schlauchpilz (*Claviceps purpurea*), das schwarzviolette, hornförmige, so genannten Mutterkorn (*Secale cornutum*).[58]

Die wie aus dem Nichts auftauchende Krankheit begegnete in zwei Formen:

❖ Der *Ergotismus gangraenosus* oder ‚Mutterkornbrand‘ zeichnete sich vor allem durch das Absterben von Gewebe am lebenden Körper, insbesondere an den Extremitäten, aus.
❖ Der *Ergotismus convulsivus*, im Volksmund ‚Kribbelkrankheit‘ oder ‚Kribbelkorn‘ genannt, ging mit Dauerkontrakturen der Beugemuskulatur, Krämpfen infolge einer Schädigung des zentralen Nervensystems, einher.

Beide Erkrankungen führten entweder zu einem grausamen, sehr schmerzhaften Tod oder – wesentlich seltener – zu einem Weiterleben des Betroffenen mit Verstümmelungen aufgrund der Amputation von Gliedmaßen.

Im 11. Jahrhundert wurden große Teile Europas von der Krankheit heimgesucht. Mit ‚Feuer‘ assoziierte man sie, weil sie mit *brennenden* Schmerzen einherging. Das unvorstellbare Leid der Betroffenen schildert der Benediktiner Sigebert von Gembloux (um 1030–1112) in seiner Chronik zum Jahr 1089:

„Es war ein Seuchenjahr [*annus pestilens*], besonders im westlichen Teil Lothringens, wo viele, deren Inneres das heilige Feuer verzehrte, an ihren zerfressenen Gliedern verfaulten, die schwarz wie Kohle wurden. Sie starben entweder elendig, oder sie setzten ein noch elenderes Leben fort, nachdem die verfaulten Hände und Füße abgetrennt waren. Viele aber wurden von nervösen Krämpfen gequält."[59]

Die Behandlung und Pflege der an dieser Vergiftung Erkrankten war von Anfang an die Hauptaufgabe des Antoniterordens. Worauf genau ihr therapeutischer Erfolg beruhte, ist nicht ganz klar. Er scheint nicht zuletzt mit der Hygiene zusammenzuhängen, die in den Spitälern gepflegt wurde und die einschloss, dass das zum Backen des Brots verwendete Mehl gereinigt und daher unbeabsichtigt vom Mutterkorn befreit wurde. Darüber hinaus verwendete man zur Behandlung Kräuter, die offenbar die vom Ergotamin ausgelöste Verengung der Blutgefäße bekämpften. Schließlich behandelten die Antoniter die betroffenen Stellen mit einer Salbe, der ‚Sankt-Antoniussalbe', die auch in Isenheim bis ins fortgeschrittene 18. Jahrhundert hergestellt wurde. Und nicht zuletzt beschäftigten die Antoniter professionelle Chirurgen, die die Behandlungen beaufsichtigten und die notwendigen Amputationen durchführten. Auch die Isenheimer Chirurgen waren überregional bekannt; ihre saubere Arbeit mag ebenfalls zum therapeutischen Erfolg der Antoniter, die nicht selbst operieren durften, beigetragen haben.

Das Spital in Isenheim

Das Spital in Isenheim wurde wahrscheinlich im 13. Jahrhundert gegründet. Damals lag der Ort an der alten Römerstraße von Mainz nach Lyon, die von zahlreichen Pilgern – unter anderem nach Rom und Santiago de

Compostela – genutzt wurde. Im 14. und 15. Jahrhundert wurde es von bekannten Präzeptoren geleitet, darunter die schon erwähnten Jean d'Orlier und Guy Guers. Gerade ersterer trug als fähiger Verwalter aktiv dazu bei, das Kloster reich zu machen. Die gesteigerten finanziellen Möglichkeiten nutzte er dazu, in der Klosterkirche einen Lettner errichten zu lassen und bei Martin Schongauer einen Altar in Auftrag zu geben.[60]

Der medizinische Ruf des Spitals in Isenheim war zu dieser Zeit so groß, dass am ‚Heiligen Feuer' Erkrankte aus einem Umkreis von mehreren Hundert Kilometern nach Isenheim kamen.[61]

Das mag nicht zuletzt damit zu tun gehabt haben, dass es eine Reihe bekannter Chirurgen in Isenheim gab, unter ihnen der berühmte Hans von Gersdorff (um 1455–1529), Verfasser des *Feldbuochs der Wundartzney*. Dieses Standardwerk erschien erstmals 1517, wurde bis 1542 achtmal aufgelegt und geriet erst im Verlauf des 18. Jahrhunderts in Vergessenheit. Was für uns daran besonders interessant ist, ist die Tatsache, dass Meister Mathis, wenn er die Altartafeln in Straßburg geschaffen hat, Hans von Gersdorff, der dort zur selben Zeit an seinem Buch arbeitete, gekannt haben dürfte. Dann ist es nicht einmal unwahrscheinlich, dass er ihn bei der Konzeption des Altars und nicht zuletzt bei vielen Detailfragen zum ‚Heiligen Feuer' und seinen Symptomen zu Rat gezogen hat. Wir sollten also davon ausgehen dürfen, dass Mathis, während er seine Bilder malte, mit dem neuesten Stand der einschlägigen, medizinischen Forschung, der sich im *Feldbuoch* äußerte, vertraut war.

Ergotismus im *Feldbuoch der Wundartzney*

Das *Feldbuoch der Wundartzney* ist für uns unter anderem deswegen besonders interessant, weil mehrere seiner Ausgaben mit Bildern versehen sind, die gewissermaßen die zeitgenössische ‚Ikonographie des Ergotismus‘ dokumentieren. Neben anatomischen Illustrationen und den Darstellungen medizinischer Instrumente findet sich in dem Abschnitt *Von kalten vnd heysszen braenden/glydabschneidung/leschungen vnd irer Cur* – also dem Abschnitt über das ‚Antonius-Feuer‘ – ein Holzschnitt mit der Darstellung des Heiligen Antonius.

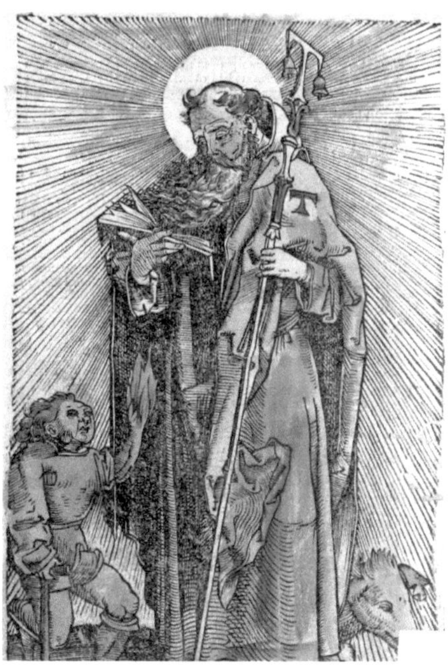

Heiliger Antonius, Holzschnitt in Hans von Gersdorffs „Feldbuoch der Wundartzney“, Straßburg 1526; Zürich, Zentralbibliothek

Der Holzschnitt zeigt den Heiligen rahmenfüllend auf der Buchseite. Zu seinen Füßen humpelt ein junger Mann auf ihn zu, dessen rechter Fuß offenbar abgestorben oder amputiert ist und der sich mit einer Art Prothese und einer Krücke behilft. Sein größtenteils entblößter, linker Arm, den er dem Heiligen entgegenstreckt, ist auffällig rot gefärbt und geht an der Hand in Flammen auf.

Was damit gemeint ist, wird im Text des *Feldbuochs* ausführlich behandelt. Von Gersdorff zufolge laute der Fachbegriff für die Krankheit *Estiomenus*, zu deutsch *sanct Antonien feüre*. *Estiomenus* aber bedeute *der tod vnn zerstörung der glyder*. Er gehe mit *feülung vnd weychmachung* oder auch mit *zerstörung des glydes* durch *corrosierung vnn hertigung* einher – die beiden Ausprägungen der Krankheit müsse man voneinander unterscheiden, betont der Arzt, wie es auch der persische Arzt und Wissenschaftler Avicenna (um 980–1037) tue.

Die Symptome beschreibt von Gersdorff folgendermaßen:

❖ im Fall des *Kalten brand*s (Bl. 75r–77v*): Die Glieder sterben ab, da *das leben* nicht mehr *von dem hertzenn* bis zu ihnen gelange; die Extremitäten erkalten und beginnen zu schmerzen; der Puls wird schwächer; schließlich beginnen die Glieder zu faulen, sie werden weich, färben sich schwarz und beginnen, übel zu riechen (*mit eim schlymigen gestanck*);
eine andere Form des *Kalten brand*s äußert sich dadurch, dass sich auf der Haut des Patienten grüne, blaue und schwarze Flecken (*gryen vnd blow vnd schwartz* [...] *moßen oder flecken*) zeigen, die sehr schmerzhaft sind; der Kranke klage über große Hitze, obwohl sich alles kalt anfühlt; die Adern um die befallenen Stellen herum treten rot hervor;

❖ im Fall des *heysszen brandt*s (Bl. 77v–78v) – dem ‚Antonius-Feuer' im eigentlichen Sinn oder *d' recht brand* (der allerdings weniger häufig auftrete als der *kalt brand*): Die Haut scheint zu verbrennen, es entstehen *pustulas vnd ploßen* [Blasen] *vnd grind* [Schorf, Kruste] *vff d'hut mit grosszen schmertzen*. Und wenn die Blasen aufbrächen, bleibe eine gelbe Farbe, die der des Pfirsichs gleiche (*glich den gelben pfyrßigen*);
der heiße Brand begegne auch unter dem Namen *Pruna*, womit eine schwarze, leicht ins Bräunliche gehende Kruste auf der Haut gemeint sei, deren Farbe und Konsistenz der einer Dörrpflaume (= *pruna*) gleiche.

Nur in wenigen Nebensätzen erwähnt von Gersdorff jenes Phänomen, das in der neueren Literatur als Gangrän bezeichnet wird und zu dem Namen *Ergotismus gangraenosus* geführt hat: das langsame und offenbar äußerst schmerzhafte Absterben von Hautpartien, das entweder wie eine Mumifizierung des faulenden Glieds wirkt (sog. trockenes Gangrän) oder mit einer Blasenbildung und der anschließenden Ablösung des Gewebes einhergeht (sog. Gasbrand). Tatsächlich ist es vor allem diese Gangränbildung, die zu der im *Feldtbuoch* erwähnten pfirsich- oder pflaumenfarbigen, grünen, blauen oder schwarzen Verfärbung der Haut führt.

Bei der Beschreibung der Symptome stützt sich von Gersdorff neben seinen eigenen Beobachtungen auf die einschlägige Fachliteratur, vor allem aus der Feder des großen, römischen Arzts Galen (Claudius Galenus, 129–199[?]) und des schon erwähnten persischen Mediziners Avicenna (Ibn Sina).

Die Krankheit müsse schnell behandelt werden, fährt von Gersdorff fort, sonst töte sie den Menschen *durch*

seinen gestanck/ der von jm zo dem hertzen kompt dz kein ge-
stanck lyden mag.

Mehr als die Hälfte seiner Ausführungen besteht in der Darstellung von Behandlungsmöglichkeiten, für die es viele Mittel gebe und von denen einige wahre Wunder wirkten. Nur im Extremfall, wenn all diese Mittel nicht mehr helfen, *soll man das glyd mit künstlicher geschicklicheit binden/ vnd abschniden.* (Bl. 78v)

Von Gersdorffs Beobachtungen der Symptome und des Krankheitsverlaufs stimmen im Wesentlichen mit dem heutigen Wissensstand überein. Der *Ergotismus gangraeno-sus* ist zuerst durch den Luzerner Stadtarzt C. N. Lang beschrieben worden; er betonte, dass die Krankheit zwar die Extremitäten, nicht aber den übrigen Körper befalle und dass außerdem aus den blutleeren und gänzlich gefühllosen Gliedern *kein einiger [sic*] tropffen Blut* austrete, selbst wenn man hinein steche.[62]

Veit H. Bauer, der die bis heute maßgebliche medizinhistorische Monographie zum Antoniusfeuer geschrieben hat, geht darüber hinaus näher auf den *Ergotismus convulsivus* ein. Die wegen eines starken Kribbelns der Glieder auch als „Kribbel-" oder „Kriebelkrankheit" bekannte Form des Ergotismus zeichne sich durch dauerhafte Krämpfe der betroffenen Körperteile aus. Charakteristisch sei die sehr schmerzhafte Kontrakturstellung der Hand, die bereits 1856 beschrieben und gezeichnet wurde. Im Unterschied zur Haltung der Finger des Gekreuzigten am Isenheimer Altar werden beim *Ergotismus convulsivus* nach heutigem Kenntnisstand die Finger eher zusammengezogen als gespreizt.

Vor allem anderen das Phänomen des Empfindens von Feuer unter der Haut wird in der einschlägigen Lite-

ratur durchweg als Charakteristikum der Krankheit erwähnt.

Noch 1925 beschreibt Franz Meffert die bläuliche,
maulbeerfarbene und schwärzliche Färbung der Haut, die
über die Extremitäten hinaus auch Gesicht, Brust und
Genitalien betreffen könne.[63] Das Aussehen der Betroffenen werde durch ihr abgezehrtes Antlitz, große
Narben und das Fehlen von Gliedmaßen bestimmt und
erscheine vielen als schauderhaft.

Spitalleben

Ein Antoniter-Spital war nicht allein Krankenhaus, sondern ebenso Fürsorgeheim, denn ein Patient, der eine
Amputation erlitten – und überlebt – hatte, durfte sein
Leben lang im Hospital bleiben. Vor diesem Hintergrund
ist nicht verwunderlich, dass manche Kranke bei ihrer
Aufnahme in das Hospital ihr gesamtes Hab und Gut den
Antonitern überschrieben. Seit dem späten 14. Jahrhundert konnten sich darüber hinaus Gesunde in das Spital
einkaufen, „um dort als Pfründner einen ruhigen Lebens-
abend zu verbringen“.[64] Das erste in den Quellen im
Zusammenhang des Spitals in Isenheim erwähnte Ehe-
paar, Henni und Katharina Hirt aus Egisheim, brachte
1370 drei Häuser und 25 Schatz Reben mit und schenkte
sie dem Kloster.

Wer unter den Patienten wieder arbeitsfähig wurde,
setzte seine Arbeitskraft für das Spital ein. Auf diese Weise entstand eine Art Hausgemeinschaft, die aus Ordens-
leuten, Kranken, operierten Patienten und Pfründnern
bestand und zum Teil über längere Zeit zusammen lebte.

Allerdings waren die Antoniter darauf bedacht, die
Zahl der auf diese Weise z.T. dauerhaft zusammenleben-
den Spitalinsassen möglichst gering zu halten (in Isenheim

10 bis 20 Männer und Frauen[65]). Offenbar ging es hierbei vor allem um die Kosten, die für jeden für sein ganzes Leben im Spital verbleibenden Patienten zu kalkulieren waren. Wurden sie aufgenommen, gelobten sie Gehorsam und Loyalität gegenüber dem Orden und führten von nun an ein weitgehend klausuriertes Leben unter Trennung der Geschlechter. Sie trugen eine Art Ordenstracht mit dem Antoniterkreuz darauf und nahmen an den Gebetszeiten der Geistlichen teil.

Die Kranken, die die Krankheit überstanden hatten und im Spital weiterlebten, hatten in den Augen der Zeitgenossen bereits auf Erden das Höllenfeuer erlitten, ihr Überleben war ein Zeichen besonderer, göttlicher Gnade, sie galten als *Martyres Sancti Antonii* und bekamen auf diese Weise „selbst eine gewisse Aura des Heiligen".[66]

Man darf sich die Situation in der Spitalkirche in Isenheim, in die hinein das von Nikolaus von Hagenau und Mathis Gothart Nithart geschaffene, monumentale Altarretabel gestiftet wurde, also ungefähr folgendermaßen vorstellen:

Der Orden der Antoniter war seit dem 14. Jahrhundert von einem gewissen Niedergang bedroht. Die Krankheit des Antoniusfeuers in ihren unterschiedlichen Ausprägungen ging nach der Mitte des 13. Jahrhunderts zurück und die Präzeptoren Jean d'Orlier und Guy Guers versuchten offensichtlich, durch bedeutende Stiftungen unter anderem von Martin Schongauer und Mathis Gothart Nithart die Bedeutung der Isenheimer Präzeptorei zu heben.

Dies alles heißt jedoch nicht, dass der Spitalbetrieb in Isenheim zum Erliegen gekommen wäre: Nicht zuletzt die Beschäftigung des bedeutenden Straßburger Arzts Hans von Gersdorff, der von sich selbst berichtet, dass er 100 bis 200 Amputationen durchgeführt habe, deutet auf einen nicht unwesentlichen Zustrom von Hilfesuchenden und auf entsprechende Einnahmen der Antoniter, die die Voraussetzung dafür waren, die überregional bekannten Ärzte mit „beträchtlichen Gehälter[n]" zu entlohnen.[67]

Die Zahl der hilfesuchenden Patienten dürfen wir uns vermutlich nicht zu groß vorstellen. Wie gesagt, waren die Antoniter wegen der möglicherweise langfristigen Verpflichtungen bei der Aufnahme kritisch; andererseits war die Sterblichkeit unter den Betroffenen außerordentlich hoch: „Von 120 Patienten, die Mitte August 1755 [im Verlauf einer Epidemie] in das Hospital von Orléans kamen, überlebten nur 5, ganz gleich ob sie operiert worden waren oder nicht."[68]

Zum Spitalbetrieb kamen außerdem zahlreiche Pilger, die in Isenheim Station machten und zumindest über Nacht blieben. Für sie wurde 1480 eigens eine Frühmesse gestiftet, damit sie vor ihrer Abreise am Morgen noch die Messe hören konnten.[69]

Welchen Stellenwert der Isenheimer Altar im Spitalleben hatte, ist nur indirekt erschließbar. Nach einem Brand wurde die Kirche 1836 abgerissen und es sind nur Pläne aus dem 17. Jahrhundert erhalten, die eine Vorstellung vom Grundriss der Kirche in ihrem mittelalterlichen Zustand vermitteln.

Demnach war die Kirche eine dreischiffige Basilika* oder Hallenkirche, in die in ihrem Ostteil ein Chorraum so eingestellt war, dass die Seitenschiffe des Langhauses als Chorumgang um diesen Chor herum liefen. Der Chorraum hatte mit ca. 8,70 Meter Breite in etwa die Breite des Mittelschiffs der Kirche und war im Westen durch einen Lettner von diesem abgetrennt. Unmittelbar dahinter befand sich das Chorgestühl für die Antoniter, östlich davon stand, um vermutlich zwei Stufen erhöht, der Hochaltar mit dem Retabel des Isenheimer Altars darauf. In den Seitenwänden des Chors befanden sich Durchgänge, durch die der Raum unmittelbar vor dem Altar zugänglich war.

Wenn diese Annahmen stimmen, müsste der im geöffneten Zustand etwa 6 Meter breite Altar nahezu die gesamte Breite des nicht sehr geräumigen Chors eingenommen haben und nur innerhalb des Chorraums sichtbar gewesen sein. So ist es auch einer Beschreibung aus dem Jahr 1781 zu entnehmen.[70]

Vom Kirchenschiff also war der Altar nicht zu sehen. Dafür stand der Besucher, wenn er den Altarraum durch die Durchgänge in seiner Nord- oder Südwand betrat, sofort unmittelbar vor dem monumentalen Bildwerk. „Wenn der Besucher“, so beschreibt es auch François-René Martin, „vom Kirchenschiff kam und den Eingang nahm, durch den er in den Chor gelangte, dann muss sich ein atemberaubendes Gefühl vor diesem Altar eingestellt haben, der sich vor einem vielleicht bis zu 8 Metern Höhe erhob und fast die gesamte Sicht einnahm.“[71] Martin spricht davon, dass die Formen des erhöht stehenden Retabels und der Bilder mit den Säulen und dem Gewölbe des Chors geradezu „verschmolzen“ seien, wozu das farbige Licht der Glasfenster ihren Teil beigetragen haben mag.

Die bauliche Konstellation des Chorraums mit einer in der Apsis positionierten Altarstipes mit -mensa* – vermutlich mit einem älteren Retabel darauf – wird Meister Mathis vorgefunden haben, als er 1512 daran ging, ein Konzept für jenen Altar zu entwickeln, der nach einigen Jahrhunderten der Verzögerung unter dem Namen ‚Isenheimer Altar‘ in die abendländische Kunstgeschichte eingehen sollte.

Kontrovers diskutiert wird die Frage, wer Zugang zum Chorraum hatte. Tatsächlich macht die Konzeption des Retabels keinen Sinn, wenn die Kranken nicht die Möglichkeit hatten, die Bilder aus der Nähe zu sehen. Daher ist davon auszugehen, dass außerhalb der Gottesdienst-Zeiten der Chor wenigstens für die Insassen und Mitglieder des Spitals – Kranke, Angehörige, Überlebende der Krankheit, Ärzte, Antoniter – zugänglich war. Auf diese Weise konnten sie des Trosts teilhaftig werden, der den Worten Bernhards von Clairvaux zufolge von den Darstellungen des Altars, besonders von der *Kreuzigung Christi*, ausgehen sollte:

> „Wer ist der Mensch, der nicht eine tröstliche Hoffnung und Zuversicht empfindet, so er Christi Leib anschauet an dem Kreuz.“[72]

Diese Wirkung auf den Betrachter der Bildtafel wird Gegenstand des folgenden, abschließenden Kapitels sein.

Die Rekonstruktion der historischen Umstände der Stiftung des Isenheimer Altars liefert den Schlüssel, mit dessen Hilfe die bisher weitgehend unverbunden gebliebenen Beobachtungen im Sinn einer stringenten Deutung erschlossen werden können. Das verbindende Element ist der funktionale Kontext, für den das Werk geschaffen wurde.

Der Altar wurde bestellt und angefertigt für die Kapelle des Antoniter-Spitals in Isenheim, in dem überwiegend nur eine Krankheit behandelt wurde: die Mutterkorn-Vergiftung, heute mit dem medizinischen Fachbegriff „Ergotismus" bezeichnet.

Der Gekreuzigte

Die Beschreibung der *Kreuzigung Christi* begann und endete bei der ungewöhnlichen Präsenz der beinahe lebensgroßen Darstellung des Gekreuzigten. Dazu trägt nicht nur die Tatsache bei, dass die *Kreuzigung* als einzige Darstellung an dem Altar gleich *zwei* Tafeln einnimmt und damit ungewöhnlich monumental wirkt, sondern ebenso die fast befremdend realistisch erscheinende Ansicht des Körpers Christi, die den Betrachter wegen der Grausamkeit der Darstellung bis heute in ihren Bann zieht.

Dieser vermeintliche Realismus hat jedoch nicht, wie häufig angenommen wird, mit dem Bemühen des Malers zu tun, die Folgen der Geißelung und Kreuzigung Christi möglichst genau zu rekonstruieren. Dafür weist das Bild zu viele logische Widersprüche und zu viele Abweichungen von den biblischen Berichten auf. Stattdessen lenken die künstlerischen Mittel, die der Maler eingesetzt hat, die Aufmerksamkeit des Betrachters in eine andere Richtung.

Die auffälligsten künstlerischen Mittel – Bildausschnitt, Komposition, Lichtführung, Farbigkeit, Ausdruck, Wirklichkeitsnähe der Darstellung und Betrachteransprache – tragen sämtlich dazu bei, den Körper Christi eindringlich zu inszenieren und ihn zudem möglichst nahe an den vorderen Rand des Gemäldes, ja bis in den Betrachterraum hinein zu rücken. Zudem weisen sämtliche, besonders auffällige und überraschende Details in *eine* Richtung:

❖ die Haltung der Handgelenke Christi (*Abbildung nächste Seite*), die nach oben gestreckt sind, während sie eigentlich vom hängenden Körper nach unten gezogen werden müssten;

❖ die Farbe(n) des Körpers Christi (*Abb. 6*), die gelblichbräunlich mit grünlichen und bläulichen Flecken erscheint und sich dadurch deutlich vom Inkarnat der anderen Figuren unterscheidet;

❖ die Dornen, die vereinzelt in der Haut Christi stecken (*Abb. 6*) und das schmerzhafte Gefühl, das sie erzeugen müssen, beim Betrachter geradezu körperlich spürbar werden lassen;

❖ und schließlich die zahlreichen, kleinen Wunden, die die Haut zwar an vielen Stellen aufgerissen haben, jedoch – bis auf die Wundmahle und die Verletzungen, die die Dornenkrone hervorruft – nicht bluten (*Abb. 6*); sie sind größtenteils leuchtend rot umrandet oder schimmern selbst leuchtend rot, doch fließt aus ihnen, anders als beispielsweise am *Crucifixus dolorosus* in St. Maria im Kapitol (*Abb. S. 69*), kein Tropfen Blut hervor.

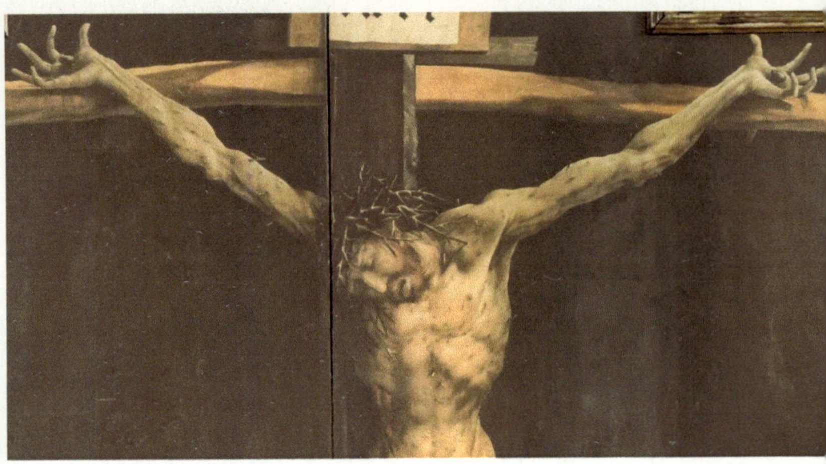

Alle diese Details sind zu erklären, wenn wir in ihnen Symptome des Ergotismus sehen, wie wir sie den zeitgenössischen (u.a. Gersdorffs *Feldbuoch der Wundartzney*) und jüngeren Quellen entnehmen können und wie sie die Bewohner und Besucher des Isenheimer Spitals unmittelbar vor Augen hatten:

❖ Die nach oben gestreckten Handgelenke mit den krampfhaft gespreizten Fingern deuten auf *Ergotismus convulsivus* hin; sie dürften auf Krämpfe der Hände und Finger verweisen, die ein Kennzeichen dieser Form des Ergotismus waren;

❖ die Farbe des Körpers, die deutlich vom Inkarnat der umstehenden Personen abweicht, entspricht den Beschreibungen, wie wir sie im Zusammenhang des *Ergotismus gangraenosus* im *Feldbuoch der Wundartzney* finden konnten: von pfirsichgelben über pflaumenfarbige und grüne bis zu braunen und schwarzen Verfärbungen der Haut, die das langsame Absterben der betroffenen Gliedmaßen begleiteten;

❖ die Dornen, die in der Haut des Gekreuzigten stecken, wecken die Assoziation des schmerzhaften Kribbelns, das im Fall des *Ergotismus convulsivus* im Volksmund zu den Namen ‚Kribbelkrankheit‘ und ‚Kribbelkorn‘ führte;

❖ die nicht-blutenden Wunden zeichnen sich durch einen weniger blut-, als vielmehr feuerroten Rand aus; damit stellt Mathis eine Beziehung zu dem Gefühl des inneren Brands, der inneren Hitze her, die den am Ergotismus Erkrankten die Empfindung verliehen, ihr Körper werde von innen heraus durch Feuer verzehrt. Dieses Gefühl führte zu dem eindrücklichen, weit verbreiteten Namen *ignis sacer* („Heiliges Feuer“) oder Antoniusfeuer und zu volkstümlichen Darstellungen Kranker mit brennenden Gliedmaßen (*Abb. S. 81*);

❖ auch die blauen Lippen und der schmerzhaft eingezogene Brustkorb Christi verweisen nicht etwa auf den historisch zutreffenden Erstickungstod Jesu am Kreuz, sondern sind als Folgen der Atemnot zu verstehen, die zu den immer wieder beschriebenen Symptomen des Ergotismus gehören und die sich entsprechend sicherlich auch an Kranken in Isenheim beobachten ließen;

❖ und schließlich durchbricht die Seitenwunde am noch lebenden Gekreuzigten endgültig die Vorstellung der Rekonstruktion des historischen Geschehens; sie macht das Bild stattdessen zu einem a-historischen Werk, das von dem in der Bibel beschriebenen Ablauf der Kreuzigung bewusst abweicht. Auf diese Weise wird die Absicht betont, ein theologisches oder spirituelles ‚Geheimnis‘ (*mysterium fidei*) zu offenbaren und damit das Geschehen der Kreuzigung Christi für die Gegenwart des Betrachters – hier ganz konkret: des Betrachters im Isenheimer Spital – zu aktualisieren.

Dabei ist schon an mehreren Stellen angeklungen, dass wir uns den Betrachter der Tafel nicht als einen Kunstliebhaber vorstellen dürfen, der sich in seiner Freizeit beim Sonntag-Nachmittags-Ausflug an den Feinheiten der Malerei delektiert und die Kunstfertigkeit der Ausführung bewundert. Bei ihm handelte es sich vielmehr um einen Patienten, einen Angehörigen eines Patienten, einen der mit der Pflege der Patienten betrauten Antoniter-Brüder oder einen Arzt des Spitals zu Isenheim, die täglich und stündlich mit der schrecklichen, meist zu einem grausamen Tod führenden Krankheit konfrontiert waren. Wenn sie die Symptome nicht am eigenen Leib erfuhren, so hatten sie sie doch beständig vor Augen und erkannten sie – anders als der Betrachter im 21. Jahrhundert – mühelos am Körper des Gekreuzigten wieder.

Dazu passt im Übrigen die Beobachtung, dass die Tafel nicht etwa auf der *Festtags*seite des Altars zu sehen war, sondern *werktags*. Ganz offensichtlich war es den Auftraggebern darum zu tun, den Betern in der Spitalskapelle diese Darstellung möglichst häufig und dauerhaft vor Augen zu führen, statt sie den größten Teil des Jahrs über verborgen zu halten und sie nur zu besonderen Gelegenheiten zu zeigen. Sie sollte den *Alltag* prägen, der im wahren Wortsinn trostlos gewesen sein muss.

Als wäre die *Legenda aurea* genau für diesen Zusammenhang geschaffen worden, klingt auch die Deutung, die Jacobus de Voragine der Kreuzigung Christi gibt, geradezu medizinisch:

„daß dieses Leiden die würdigste Arznei ist gewesen wider unser Leiden und Gebrechen".[73]

Auch hier wird nicht etwa auf ein fernes, vergangenes oder zukünftiges Ereignis rekurriert, sondern auf die Gegenwart des Gläubigen. Es war gängige Praxis, sogar eigentlicher Sinn der Betrachtung und Deutung von spirituellen Texten und religiösen Bildern, in den erzählten und dargestellten Geheimnissen einen lebendigen Bezug zur Gegenwart herzustellen. Die Bibel las und die Bilder betrachtete man nicht mit dem heute üblichen Bewusstsein historischer Distanz – aus der heraus beispielsweise die Frage eines Lesers dieser Deutung zu verstehen ist, ob der Maler geglaubt habe, dass Christus *wirklich* an Ergotismus gelitten habe –, sondern im Hinblick auf die Auswirkungen jenes Geschehens auf das aktuelle und das zukünftige Leben der Leser bzw. Betrachter. Mindestens geht es um die „tröstliche Hoffnung und Zuversicht", von der Bernhard von Clairvaux der *Legenda aurea* zufolge gesprochen hat, „so er Christi Leib anschauet an dem Kreuz."[74]

Albrecht Dürer, Zeitgenosse des Malers Mathis, geht auf der Grundlage des Propheten Jesaja sogar noch einen Schritt weiter. Hatte der Prophet davon gesprochen, dass Christus[75] „wegen *unserer* Verbrechen" gekreuzigt worden sei, dass er „durchbohrt [wurde ...] wegen *unserer* Sünden" (Jes 53,5), so lässt Dürer am Beginn seiner *Kleinen Passion* den Schmerzensmann Christus selbst den Betrachter des Bilds ansprechen:

> „O Mensch, es sei genug! Um deinetwillen habe ich dies *einmal* ertragen. O lass ab, mich durch [neue] Schuld erneut zu kreuzigen."[76]

In dieser Sichtweise ist das Leiden Christi eine Folge der Sündhaftigkeit des Menschen, aber damit nicht genug wird es mit jeder neuen Schuld des Menschen wiederholt: Christus wird immer von neuem gekreuzigt, so lange der

Gläubige nicht von seinem sündhaften Lebenswandel ablässt.

Wiederum ist der Prophet Jesaja versöhnlicher, wenn er in einer berühmten, in der Liturgie der Eucharistie immer wiederkehrenden Formulierung gewissermaßen die Deutung für die Darstellung der Kreuzigung Christi am Isenheimer Altar vorgibt, der zugleich die konkreteste Umsetzung dieses Worts in ein Bild darstellt, das vorstellbar ist:

„Er hat unsere Krankheit getragen und unsere Schmerzen auf sich geladen." (Jes 53,4)

Es ist also kein Wunder, wenn die Ereignisse, die auf der Kreuzigungstafel des Isenheimer Altars geschildert werden, erheblich von den biblischen Berichten abweichen. Viel wichtiger als historisch-kritische Genauigkeit ist der lebendige, spirituelle Bezug zur Gegenwart des Betrachters. Und dieser besteht darin, dass dem Beter vor Augen geführt wird, dass der Christus des Isenheimer Altars, an dessen Körper sämtliche Symptome beider Formen des Ergotismus vereinigt sind, buchstäblich dieselben Leiden zu ertragen hat wie die Patienten des Spitals, oder umgekehrt: dass die Patienten in der gleichen Weise leiden, wie es Christus getan hat. Auf diese Weise wird das Bild zur unmittelbarsten, künstlerischen Umsetzung des Jesaja-Worts und die Krankheit zugleich zur höchsten Form der sprichwörtlichen Nachfolge Christi, die dem Christen als Hauptaufgabe seines Lebens im Diesseits aufgetragen ist, um sich auf diese Weise den Zugang zur jenseitigen Gottesschau ohne den Umweg über das Fegefeuer zu verdienen.

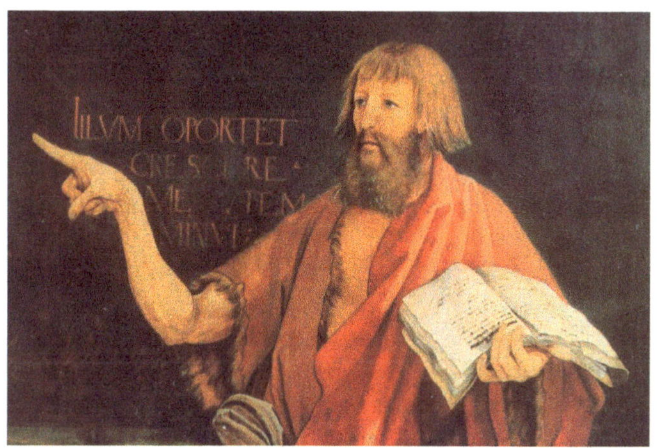

Johannes der Täufer

Dass es am Isenheimer Altar nicht um das Nacherzählen der Geschichte der Kreuzigung Christi ging, zeigen nicht zuletzt viele Unterschiede zwischen dem Bild und den zugrundeliegenden Texten. Vor allem überrascht die Anwesenheit des Täufers Johannes, noch dazu in Begleitung seines Attributs, des Lammes, dessen Blut in einen goldenen Kelch fließt und das ein Kreuz in seinem rechten Vorderlauf hält. Der ostentativ vorgestreckte Zeigefinger des Täufers erscheint bis heute als ein besonders eindrückliches Element des Bilds – nur gehört er dem biblischen Bericht zufolge in einen anderen Zusammenhang.

Das Zitat, das den Zeigefinger begleitet – ILVM OPORTET CRESCERE/ME AVTEM MINVI („Jener muss wachsen, ich aber muss kleiner werden") – entstammt dem Johannesevangelium (Joh 3,30). Interessanterweise handelt es sich dabei jedoch nicht, wie man erwarten würde (und wie in vielen Deutungen des Bilds stillschweigend vorausgesetzt wird), um das berühmte Wort:

„Seht das Lamm Gottes!" (Joh 1,36). Stattdessen gehört
es in eine Reihe von Bekenntnissen des Täufers, die sich
darauf beziehen, dass Jesus der wahrhaftige Messias ist,
der „von oben kommt" und „über allem" steht, „den
Gott gesandt hat" und der „die Worte Gottes […] ver-
kündet": Wer an ihn „glaubt, hat das ewige Leben", so
das Zeugnis des Johannes. (Joh 3,31–36)

Angesichts dieser Worte entsteht auf dem Bild ein geradezu grotesker Widerspruch. Johannes spricht mit
Geste und Wort Christus als den von den Propheten des
Alten Testaments verheißenen Messias an, der die Heilsgeschichte vollenden, das auserwählte Volk erlösen und
zum ewigen Leben führen soll. Dabei weist er auf einen
entsetzlich verunstalteten, leidenden, erniedrigten, hilflo-
sen Sterbenden hin. Die auffällige Geste jedoch macht
diesen Widerspruch geradezu zum Thema des Bilds. Wie
das Buch, das wohl auf die Prophezeiungen verweisen
soll, ist der deutlich überdimensionierte Zeigefinger eine
der hellsten Stellen der gesamten Bildtafel und bleibt
jedem Betrachter über lange Zeit in der Erinnerung.

Der Zeigegestus gemeinsam mit dem Wort vom Messias werden von Mathis so inszeniert, dass ihre besondere
Bedeutung unausweichlich in die Aufmerksamkeit des
Betrachters gerückt wird. Sie verdrängen sogar alle jene
erzählerischen Elemente, die wir von anderen Bildern der
Kreuzigung kennen. Johannes (*Abb. 1*) nimmt ganz allein
die gesamte rechte Seite unter dem Kreuz ein und der hell
angestrahlte Zeigefinger steht isoliert vor einem tiefdunk-
len Hintergrund. Das aber kann nur bedeuten, dass diese
Elemente – Johannes und sein Zeigefinger – keineswegs
zweitrangig oder nur schmückendes Beiwerk innerhalb
der Bedeutung der Bildtafel sind. Stattdessen bezieht sich
Mathis auch mit diesem offenkundigen Widerspruch
zwischen der Ankündigung des Messias und der bekla-

genswerten Realität seiner grausamen Ermordung auf die Weissagungen des Propheten Jesaja, denn schon dort hieß es ausdrücklich über diesen Messias:

> „Viele haben sich über ihn entsetzt, so entstellt sah er aus, nicht mehr wie ein Mensch, seine Gestalt war nicht mehr die eines Menschen." (Jes 52,14)

Und auch dieses Zitat bezeichnet nicht etwa spitzfindige, nur den Spezialisten bekannte Theologie, sondern war in der Liturgie, vor allem der der Karwoche, omnipräsent. Gerade der Hinweis auf das von Jesaja prophezeite Leiden Christi diente der Beglaubigung der bemitleidenswerten Gestalt am Kreuz als des wahren Messias, des vom Himmel herab gekommenen „Sohn[s] des lebendigen Gottes" (Mt 16,16).

Muttergottes, Johannes, Maria Magdalena

Die Muttergottes, der Lieblingsjünger Johannes und Maria Magdalena sind die einzigen in der Bibel genannten Begleitpersonen der Kreuzigung, die Mathis dargestellt hat. Wie ein Blick auf die *Kreuzigungen* Giottos (*Abb. 4*) und Jan van Eycks (*Abb. S. 62*) zeigt, rücken auf der Colmarer Tafel auch diese Figuren dem Betrachter sehr viel näher, als wenn sie von weiteren Anhängern Christi, von Soldaten, Hohepriestern, Schriftgelehrten und Schaulustigen begleitet würden.

Vergleichbar mit der Darstellung am Isenheimer Altar ist eigentlich nur jenes Bild in der Berliner Gemäldegalerie, das der Werkstatt van Eycks zugeschrieben wird (*Abb. 5*). Indessen sind hier die Figuren Mariens und des Apostels noch weiter vereinzelt – nicht zuletzt ist es ihre Verlassenheit und Einsamkeit unter dem Kreuz, die sie prägt. Dabei steht die die Hände ringende, in sich versunkene

Muttergottes für eine stille Trauer, während der laut weinende Johannes eher die extrovertierte Klage repräsentiert.

Diese Unterscheidung ist am Isenheimer Altar noch gesteigert (*Abb. S. 33*): Hier steht Maria Magdalena für den *Ausbruch* der Trauer, für die Extroversion: ihre Geste der emporgestreckten Hände hat etwas Theatralisches. Indem sie sich über die Grenze der Bildebene hinaus in den Betrachterraum hinein neigt, versucht sie, dem Gekreuzigten noch in diesem letzten Augenblick seines Leids möglichst nahe zu sein.

Die Gottesmutter steht auch hier für die introvertierte Form der Trauer. Allerdings steigert Mathis erneut, was er bei Jan van Eyck vorfinden konnte. Auch er kleidet Maria in ein blaues Gewand und einen weißen Mantel mit ebenfalls weißem Schleier. Doch bricht seine Muttergottes unter dem Kreuz buchstäblich zusammen, muss von Johannes aufgefangen werden. Besonders auffällig ist ihr Gesicht, das in der Ohnmacht entspannt, aus dem jedoch jedes Blut gewichen ist: die Haut ist so weiß wie das Tuch, in das sie gehüllt ist.

Während die Maria des van Eyck'schen Bilds ‚nur‘ trauert, scheint die Muttergottes bei Mathis den Tod ihres Sohns im übertragenen Sinn mitzusterben, ihn am eigenen Leib zu erfahren.

Wie der Gekreuzigte, so sind auch die beiden Marien und der Apostel Johannes am Isenheimer Altar Identifikationsfiguren. Konnte der Kranke, möglicherweise Sterbende im Antoniterspital das Leiden Christi, das ihm auf der Altartafel vor Augen gestellt wurde, auf sich selbst beziehen und damit in seinem eigenen Leid und schmerzhaften Tod einen Sinn erkennen, so konnten die Angehörigen der Patienten, die im Spital anwesend waren, sich selbst in den trauernden Personen unter dem

Kreuz wiederfinden. Ihr Mit-Leiden wurde auf diese Weise zur *compassio**, damit letztlich ebenfalls zu einer Form der Nachfolge Christi, die die Gottesmutter Maria exemplarisch vorgelebt hatte. Auch ihre Trauer, in der sie sich den Marien oder Johannes anglichen, bekam damit einen Sinn, denn die Krankheit, das Sterben und nicht zuletzt das Mit-Leiden wurden als ein notwendiger Übergang verstanden, ein Übergang in eine Existenz, die man sich normalerweise durch das Fegefeuer im Jenseits erst verdienen musste.

„Christus stirbt"

Der Titel dieses Buchs über die Kreuzigungstafel am Isenheimer Altar sollte eigentlich in zwei Punkten überraschen: einerseits in der gewählten Zeitform: Präsenz.

„Woran *stirbt* …"

Warum *stirbt* und nicht *starb* oder *ist gestorben*?

Andererseits im zweiten Teil: „Und *warum*?"

Was ist daran fraglich? Wir wissen doch alle, woran Jesus gestorben ist: Er wurde erst gegeißelt, dann gekreuzigt und ist an den dafür typischen Qualen gestorben. Warum also diese Frage?

Inzwischen haben wir gesehen, dass es bei dem Auftrag für den Altar nicht um Nacherzählung der biblischen Geschichte, sondern um ihre Aktualisierung für die Bewohner und Besucher des Isenheimer Spitals in ihrer spezifischen Situation im frühen 16. Jahrhundert ging.

Tatsächlich ist die historisch-kritische Sichtweise auf die Ereignisse, über die in der Bibel berichtet wird, verhältnismäßig jung. Es gibt sie erst seit der Aufklärung, seit es überhaupt ein historisches Bewusstsein im heutigen Verständnis gibt, das nicht zuletzt zur Entwicklung einer

Geschichtswissenschaft mit einer entsprechenden, wissenschaftlichen Methodik geführt hat.

Die vorwissenschaftlich begründeten Vorstellungen von Geschichte, die das Geschichtsverständnis in Mittelalter und Neuzeit bis zum Ende des 18. Jahrhunderts kennzeichneten, waren im Abendland geprägt durch die christliche Verkündigung. Daher müsste man für diese Zeit eigentlich von einer ‚Geschichtstheologie' sprechen, denn ‚Geschichte' wurde konsequent im Sinn von ‚Heilsgeschichte' verstanden, die von der Vorstellung des aktiven Wirkens Gottes in der Geschichte ausgeht und deren Entwicklung auf das endzeitliche Ziel des Jüngsten Gerichts und der nachfolgenden, ewigen Gottesschau hinausläuft. Dieser Vorstellung zufolge geschieht alles im Verlauf der Geschichte der Menschheit nach einem vorbestimmten Plan, der allerdings verborgen ist und nur anhand von geheimen Zeichen erkannt werden kann. Das ganze Mittelalter hindurch wurde nach diesen geheimen Zeichen gesucht. Allem voran wurden die Bücher der Bibel Buchstabe für Buchstabe danach durchforscht, ebenso die historischen Abläufe selbst, in denen man Hinweise auf das Nahen des Welt-Endes und damit des Beginns des Gottesreichs zu entdecken hoffte.

Als ‚Zeichen' in diesem Sinn wurde im Laufe der Zeit Vieles gedeutet, angefangen vom Blitz über eine Naturkatastrophe, eine Seuche, eine individuelle Krankheit oder eine als wunderbar verstandene Genesung bis hin zu solchen Wundern, die beispielsweise durch eine geweihte Hostie, durch Reliquien oder durch Erscheinungen gewirkt wurden. Auch im Zusammenhang mit Bildern – zweidimensionalen Bildtafeln oder dreidimensionalen Skulpturen – sind viele solche ‚Zeichen' überliefert, wobei diese Berichte offenbaren, dass dem Verständnis der Berichterstatter zufolge eine durchaus lebendige und durchsetzungsfähige Persönlichkeit – der oder die Heilige – hinter einem solchen Wunder steckte.[77] Im Abendland wurden Bilder zwar nicht, wie im Osten, von Mönchen nach strengen, religiösen Regeln gemalt, aber dennoch galten auch sie als ‚Offenbarungen‘. Dürer stellte sich in seinem *Selbstporträt im Pelzrock* nicht etwa, wie häufig angenommen wurde, aus künstlerischer Hybris so dar, wie es eigentlich Christus vorbehalten war, sondern weil er wirklich davon überzeugt war, ein Werkzeug in den Händen Gottes zu sein und mit seiner Kunst aktiv am Heilsplan Gottes mitzuwirken.

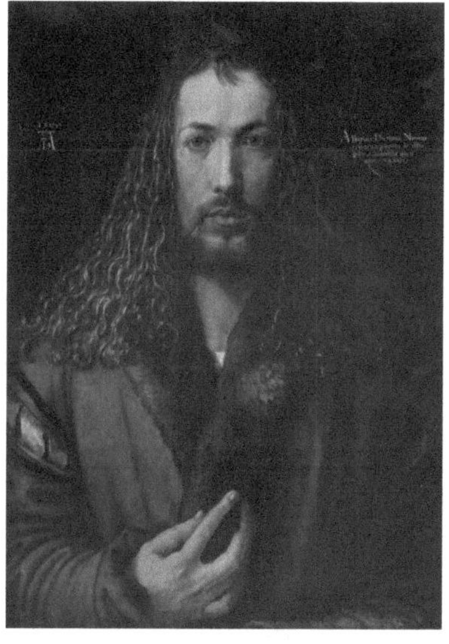

Albrecht Dürer, Selbstbildnis im Pelzrock, 1500;
München, Alte Pinakothek

Selbstverständlich galt diese Überzeugung ganz besonders für Altarbilder. Sie waren Teil der christlichen Verkündigung und wurden entsprechend verstanden. Sie waren nicht etwa Ausdruck der persönlichen, subjektiven, individuellen Sicht des Künstlers auf die Welt, sondern Offenbarungen Gottes. Gott sprach durch sie, und manchmal wirkte er sogar Wunder durch sie – so entstanden die so genannten Gnadenbilder.

Für den Isenheimer Altar bedeutet dies: Auch durch ihn spricht Gott zu den Menschen. Dabei kann er sie mahnen, so wie es auf dem Titelblatt von Dürers *Kleiner Passion* geschieht: „O lass ab, mich durch [neue] Schuld erneut zu kreuzigen!" Oder er kann sie trösten, indem er ihnen den für sie bestimmten Platz in seinem Heilsplan anzeigt, den sie sich durch das erlittene Leid ‚verdient' haben.

Der Kontext, für den der Altar geschaffen wurde, ist die Spitalskirche in Isenheim, genauer: es sind die Menschen, die als Folge der Mutterkornvergiftung mit einem grausamen Tod ringen oder dieses Ringen beobachten müssen. Sie betreten die Kapelle unweigerlich mit der Frage nach dem *Sinn* dieser Krankheit und des unsäglichen Leids, das sie verursacht. Doch bleibt in ihrem Verständnis der Gott, an den sie ihre Fragen richten, nicht etwa still. Wenn sie im Rahmen ihrer Meditation in den Dialog mit dem Altarbild eintreten,[78] vor dem sie knien, gibt Gott ihnen durch das Bild Antwort. Sie lautet: Das durch das *ignis sacer*, das „Heilige Feuer" erzeugte Leid, das die Erkrankten ertragen müssen, ist das vorweggenommene Fegefeuer, die Läuterung. Es ist nicht etwa ein Fluch oder sinnlos, sondern geradezu ein Segen, denn durch diese Krankheit haben die Betroffenen die Möglichkeit, Christus in seinem Leid am Kreuz in ungewöhnlich unvermittelter Weise nachzufolgen. Sie gleichen sich ihm an, so wie Christus, der von den Propheten des Alten Testaments und von Johannes dem Täufer angekündigte Messias, sich in seinem Kreuzestod dem leidenden Menschen angeglichen hat. Die *Kreuzigung* am Isenheimer Altar konkretisiert diese verhältnismäßig abstrakte Aussage und zeigt, wie nahe Christus dem von der Krankheit betroffenen Gläubigen tatsächlich ist, wie er seine Krankheit und seine Schmerzen auf sich genommen hat, sie mit ihm teilt und wie er letztlich sogar *mit ihm stirbt.*

Und selbst die nicht am eigenen Körper von der Krankheit Betroffenen konnten sich am Altar wiederfinden: in den mit-leidenden Verwandten und Anhängern Jesu unter dem Kreuz. Der Grad der Verzweiflung, in dem Mathis sie darstellt, vermittelte ihnen das Gefühl, dass auch ihr Leid einen Platz im göttlichen Heilsplan, dass auch dieses einen Sinn hat. Ihre Trauer, ihre seelischen Schmerzen sind der zweite, mögliche Weg der vom Christen erwarteten Nachfolge, der am Leidensweg Christi deutlich wird: der der *compassio*, des Mit-Leidens. Maria, die Mutter Jesu, Maria Magdalena und der Apostel Johannes sind die Identifikationsfiguren für die Angehörigen der Patienten.

Selbstverständlich kam niemand auf die Idee, dass Christus *tatsächlich* an Ergotismus erkrankt gewesen sein könnte. Aber darum ging es bei dieser Art der ‚Offenbarung‘ durch die Altartafel nicht. Vielmehr machte auch dieses Altarbild etwas Unsichtbares sichtbar, stellte eine innere Beziehung anschaulich dar, die in der Entsprechung des Leidens des Kranken mit dem des Gekreuzigten bestand: Der Kranke leidet wie Christus und wie Christus stirbt er aufgrund dieses Leidens.

Aber damit nicht genug, wird ihm auf diesem Weg – durch die damit zusammenhängende Theologie, nicht mehr durch das Bild – implizit ebenfalls versprochen, dass er mit ihm auch auferstehen wird. Das bedeutet: Für ihn, der aktuell, sei es in der Form des *Kalten* oder des *heysszen brandt*s, schon im Diesseits die Qualen des Fegefeuers durchleidet, gilt die gleiche Zusage, die Christus am Kreuz dem ‚guten Schächer‘ zu seiner Rechten gemacht hat und die sich im Grunde jeder Christ sehnlich wünschte:

„Heute noch wirst du mit mir im Paradies sein.“ (Lk 23,43)

Die Krankheit, das macht die Altartafel dem entsprechend empfänglichen Betrachter deutlich, ist für den Kranken, der sie als Anteilnahme am Leiden Christi versteht, zugleich die Anteilnahme an dessen Auferstehung und bedeutet für ihn nicht zuletzt die ersehnte Erlösung von den drohenden Fegefeuer-Qualen im Jenseits. Statt nach dem unmittelbar bevorstehenden Tod zunächst über lange Zeit für seine Sünden büßen zu müssen – was zu dieser Zeit keineswegs nur Metapher, sondern eine sehr konkrete Vorstellung von körperlichen Qualen durch Feuer waren –, wird er als Märtyrer unmittelbar ins Paradies eintreten dürfen, was er sich dem Versprechen des mit ihm leidenden Messias zufolge mit dem ‚Fegefeuer‘ der Krankheit verdient hat.

ANMERKUNGEN

In den Anmerkungen abgekürzt *zitierte Literatur wird im Literatur-verzeichnis (S. 123f) aufgeschlüsselt.*

[1] DIEDRICHS 2016/2, S. 9–53.

[2] Dieser Hinweis geschieht vor dem Hintergrund des unter kunsthistorischen Laien wie Fachleuten weit verbreiteten Brauchs, eine Analyse mit der Darstellung des (angenommenen) historischen Kontexts zu beginnen. Gerade das (nicht selten umstrittene) historische Hintergrundwissen prägt den Blick in einer Weise, die ein unvoreingenommenes Sehen geradezu verhindert. Auch und gerade hier gilt Goethes Leitsatz: „Man erblickt [= sieht] nur, was man schon weiß," und damit gerade *nicht* das Neue, das jedes Kunstwerk von Rang dem Betrachter vermitteln will, um das es einem solchen Kunstwerk also gerade geht. – Das Goethe-Zitat nach: Wolfgang Herwig (Hg), Goethes Gespräche. Eine Sammlung zeitgenössischer Berichte, Bd. 3,1, Zürich/Stuttgart 1971, S. 112.

[3] DIEDRICHS 2016/1, besonders S. 23–33; DIEDRICHS 2016/2, bes. S. 9–53; Christof L. Diedrichs, Wie unendlich feinere Sinne muss ein Maler haben. Franz Marcs ‚Tiger' (= **ein**blicke – Kunstgeschichte in Einzelwerken 4), Freiburg i.Br./Norderstedt ²2016, bes. S. 25–30 und 42–52.

[4] „Pictura est laicorum litteratura"; Gregor der Große, Registrum epistolarum, XI,10; abgedruckt in: Corpus Christianorum Series Latina, Bd. 140A, Sp. 873–876, und in: Jacque-Paul Migne (Hg), Patrologia Latina, Bd. 77, S. 1128–1130.

[5] Vgl. Chronik des Johan Oldecop zum Jahr 1517, derzufolge die Menschen spontan *hus und hoff, wif und kint* verließen und auf die Wallfahrt zum Hl. Rock nach Trier gingen; zit. nach: Karl Euling (Hg), Chronik des Johan Oldecop, Tübingen 1891, S. 53.

[6] ZINKE 1990, S. 106–108.

[7] Bibel: Buch Genesis (bzw. 1. Buch Mose), Kapitel 3, Vers 1–6.

8   Während es ein Kennzeichen *moderner* Kunst ist, Fragen zu stellen und sie aufgrund des Verlusts eines einheitlichen Weltbilds offen zu lassen, ist es das Ziel *vor*moderner Kunst, die aufgeworfenen Fragen im Sinn des christlichen Weltbilds verbindlich zu beantworten.

9   „Da sah die Frau, dass es köstlich wäre, von dem Baum zu essen, dass der Baum eine Augenweide war und dazu verlockte, klug zu werden. Sie nahm von seinen Früchten und aß; sie gab auch ihrem Mann, der bei ihr war, und auch er aß." Bibel: Buch Genesis (bzw. 1. Buch Mose), Kapitel 3, Vers 6.

10   In der Bibel ist dies das Hauptargument der Schlange und offenkundig die eigentliche Verführung, der die Frau erliegt: „Sobald ihr davon esst, gehen euch die Augen auf; ihr werdet wie Gott und erkennt Gut und Böse." (Gen/1 Mose, Kap. 3, V. 5)

11   Erwin Panofsky, Ikonographie und Ikonologie. Eine Einführung in die Kunst der Renaissance, in: Ders., Sinn und Deutung in der bildenden Kunst, Köln 1978, S. 36–67.

12   ZINKE 1990, S. 106–108.

13   Vgl. Albrecht Dürer, Vier Bücher von menschlicher Proportion, Nürnberg 1528 (SCHOCH u.a., Bd. 3, 2004, S. 319–474).

14   Rainer Schoch zufolge (in: SCHOCH u.a., Bd. 1, 2001, S. 110–113, hier S. 112) „fällt Adam die Rolle des defensiv Argumentierenden zu"; in seiner Sicht wehrt sich Adam noch und würde damit, näher am Bericht der Bibel, weniger Verantwortung für den Sündenfall tragen.

15   Der Name ‚Grünewald' wurde zum ersten Mal von dem Künstlerbiographen Joachim von Sandrart (1606–1688) gebraucht und ist seither fest mit den dem Künstler zugeschriebenen Werken verbunden. Er beruht wohl auf einer Verwechslung. Die zeitgenössischen Quellen nennen den Maler auf unterschiedliche Weise, am häufigsten „Meister Mathis", oft zusammen mit einer Berufsbezeichnung wie „Maler und Wasserkunstmacher" (Gabriel Tuntzel u.a., Brief an den Rat der Stadt Halle, 01.09.1528; zit. nach: ZÜLCH 1938, S. 372); im

Zusammenhang mit seinem Testament wird er „Meister Mathis Nithart oder Gothart" genannt (ebd., S. 373). Eine Übereinstimmung mit dem Monogramm MGN, das sich u.a. auf dem Rahmen des Maria-Schnee-Altars findet, ergibt sich durch den Namen Mathis Gothart Nithart; vgl. u.a. Rainhard Riepertinger, Spurensuche. Zur Person Grünewalds, in: Ders. u.a. (Hgg), Das Rätsel Grünewald (= Veröffentlichungen zur Bayerischen Geschichte und Kultur 45/02), Augsburg 2002, S. 146f, sowie MARTIN u.a. 2013, S 12–35, und jüngst: Susanne Meurer, Wer ist schuld an Grünewald?, in: Dies./Anna Schreurs-Morét/ Lucia Simonato (Hgg), Aus aller Herren Länder. Die Künstler der *Teutschen Akademie* von Joachim Sandrart, Turnhout 2015, S. 181–194, und BÉGUERIE-DE PAEPE/HAAS 2015, S. 22–29.

16   BÉGUERIE-DE PAEPE/HAAS 2015, S. 54.

17   BÉGUERIE-DE PAEPE/HAAS 2015, S. 49.

18   MARTIN u.a. 2013, S. 100.

19   BÉGUERIE-DE PAEPE/HAAS 2015, S. 26 und 47.

20   U.a. DIEDRICHS 2016/2, S. 35f.

21   Ausdrücklich den Bildrahmen überschreitende Elemente, wie sie beispielsweise Jan van Eyck nutzt (z.B.: Genter Altar [fertiggestellt 1432], *Verkündigung*: Der Bildrahmen, der die Bildtafel in der Mitte teilt, wirft einen Schatten in das Bild hinein, der nur von einer Lichtquelle *vor* dem Bild erzeugt worden sein kann; Diptychon der Sammlung Thyssen-Bornemisza [1439]: der Sockel der in Grisaille-Technik gemalten *Verkündigungs*-Figuren ragt optisch über den gemalten Rahmen nach vorn aus dem Bild heraus), die aber auch in anderen Kulturlandschaften begegnen (z.B. Italien: Francesco del Cossa, *Verkündigung*, 1470–72; Dresden, Staatliche Kunstsammlungen: eine Schnecke ist so dargestellt, als würde sie nicht über die Fußboden-Platten des gemalten Raums, sondern über den realen Rahmen des Bilds kriechen) und die sich an dieser Stelle nahelegen würden, nutzt Mathis, soweit es am erhaltenen Rahmen nachvollziehbar ist, nicht.

[22] Geschlossene Augen und Seitenwunde verweisen in der kunsthistorischen Typologie häufig auf den *toten* Christus am Kreuz; der lebende müsste demzufolge mit offenen Augen und ohne Seitenwunde dargestellt werden. Dies wird innerhalb der Ikonographie jedoch nicht konsequent durchgehalten; gelegentlich begegnet der lebende Christus auch *mit* Seitenwunde (vgl. unten: Kreuzigung in Rom, S. Maria Antiqua, *Abb. S. 53*; Christus am Gabelkreuz in Köln, S. Maria im Kapitol, *Abb. 7*). Geschlossene Augen und Seitenwunde zeigen also nicht notwendigerweise den *toten* Christus an. Allerdings wird der tote Christus niemals mit geöffneten Augen und ohne Seitenwunde dargestellt.

[23] DIEDRICHS 2016/1, S. 14–18, und DIEDRICHS 2016/2, S. 21.

[24] Im Neuen Testament: Mt 27,31b–56; Mk 15,20b–41; Lk 23,26–49; Joh 19,16b–30.

Abkürzungen der Evangelien: Mt = Evangelium nach Matthäus; Mk = Evangelium nach Markus; Lk = Evangelium nach Lukas; Joh = Evangelium nach Johannes; es folgen Kapitel und Vers.

[25] Die *Legenda aurea* beschränkt sich im Fall der Kreuzigung auf die Deutung der einzelnen Bestandteile des Geschehens, ohne sie selbst nachzuerzählen, sowie auf die Ergänzung durch Details wie die Namen der beiden Schächer Dismas und Gesmas. Erzählt wird nur, was nicht in der Bibel steht, etwa die Geschichte des Pilatus; LEGENDA AUREA/BENZ 1984, S. 257–272. – Dass sich die Kreuzigung aktuellen, historischen Untersuchungen zufolge tatsächlich ganz anders abgespielt haben muss, ist an dieser Stelle nicht von Belang. Im Zusammenhang des Isenheimer Altars interessiert uns, welche Quellentexte dem Künstler im frühen 16. Jahrhundert vorlagen, an denen er sich orientieren konnte.

[26] Vgl. vorherige Anmerkung; es geht auch bei dieser ‚Rekonstruktion‘ nicht um das tatsächliche, historische Geschehen, sondern darum, wie man aufgrund der Bibel und der *Legenda aurea glaubte*, dass die Kreuzigung stattgefunden habe.

27 LEGENDA AUREA/BENZ 1984, S. 257. Das nachfolgende Zitat ebenda.
28 LEGENDA AUREA/BENZ 1984, S. 263. Jacobus beruft sich hier auf Bernhard von Clairvaux.
29 LEGENDA AUREA/BENZ 1984, S. 257.
30 Augustinus, De trinitate, zitiert nach LEGENDA AUREA/BENZ 1984, S. 264.
31 LEGENDA AUREA/BENZ 1984, S. 264f.
32 Bernhard von Clairvaux; zitiert nach: LEGENDA AUREA/ BENZ 1984, S. 266.
33 Die Beine wurden den Gekreuzigten zerschlagen, damit sie nicht mehr in der Lage waren, sich am Kreuz hochzustemmen, um atmen zu können; auf diese Weise mussten sie kurz darauf ersticken. Im Fall der Kreuzigung Christi ging es bei dieser Beschleunigung des Sterbeprozesses darum, dass die Leichname der Gekreuzigten noch vor dem anstehenden jüdischen Feiertag von den Kreuzen abgenommen werden konnten.
34 Der Name dieses Soldaten, Longinus, wird durch das apokryphe Nikodemus-Evangelium (Pilatus-Akten, Kap. 16,8) überliefert; vgl. Edgar Hennecke/Wilhelm Schneemelcher, Neutestamentliche Apokryphen in deutscher Übersetzung, Bd. 1, Tübingen ³1959, S. 330–358, hier S. 347.
35 Johannes der Täufer war von König Herodes Antipas wegen seiner Kritik an dessen Heirat mit Herodias, der Frau seines Halbbruders, inhaftiert und nach dem so genannten Schleiertanz der Tochter der Herodias auf deren Wunsch hin enthauptet worden. Dies geschah vermutlich ganz zu Beginn des öffentlichen Wirkens Jesu. (Mt 14,3–12; Mk 6,17–29; Lk 3,19f)
36 Hans Georg Wehrens, Rom. Die christlichen Sakralbauten vom 4. bis zum 9. Jahrhundert, Freiburg u.a. 2016, S. 209–212.
37 Hugo Brandenburg, Die frühchristlichen Kirchen in Rom vom 4. bis zum 7. Jahrhundert. Der Beginn der abendländischen Kirchenbaukunst, Darmstadt ³2013, S. 195.

38   Die rote Farbe scheint im Laufe der Zeit stark verblasst zu sein; entsprechend wäre es theoretisch möglich, dass auch am Körper ursprünglich mehr Blut zu sehen gewesen ist. Andere Darstellungen der Kreuzigung von Giotto, wie das Tafelkreuz in S. Maria Novella in Florenz (1290-1300), legen aber nahe, dass Giotto wahrscheinlich zwar an den Wundmalen Blut deutlich sichtbar darstellte, der Körper Christi ansonsten aber keine Wunden und kein Blut aufwies.

39   Als die frühesten erhaltenen, autonomen Porträts gelten das *Bildnis des Herzogs Rudolf IV. von Österreich*, um 1360 (Wien, Diözesanmuseum) und das *Bildnis Jean II. le Bon, König von Frankreich*, zwischen 1349 und 1364 (Paris, Louvre); Andreas Beyer, Das Porträt in der Malerei, München 2002, S. 23–31.

40   Hans Belting/Dagmar Eichberger, Jan van Eyck als Erzähler. Frühe Tafelbilder im Umkreis des New Yorker Diptychons, Worms 1983, S. 158.

41   Bibel/Altes Testament: u.a. Buch Exodus (2. Buch Mose), Kapitel 9: Um den Pharao zu bewegen, das Volk Israel aus der Gefangenschaft in Ägypten zu entlassen, schlägt Gott das Vieh der Ägypter mit einer „sehr schwere[n] Seuche" (V. 3). Darunter verstand man im Mittelalter die Pest. – Buch Numeri (4. Buch Mose), Kapitel 14, V. 12: als Strafe für den Unglauben der Israeliten kündigt Gott an, dass er sie „mit der Pest schlagen und vertreiben" wolle.

42   SUCKALE 2004, S. 88.

43   Datierung weitgehend anerkannt seit Fritz Witte, Der große Kruzifixus in Maria im Kapitol zu Köln und sein Alter, in: Zeitschrift für Christliche Kunst 24, 1911, Sp. 357f.

44   SCHWANZ 2006, S. 158.

45   Italien: HOFFMANN 2006, S. 42–45; Oberrhein: SUCKALE 2004, S. 97.

46   HOFFMANN 2006, S. 30–35. – Hoffmann (S. 30) zufolge präsentiert sich das Kruzifix „nun in einer gänzlich veränderten Erscheinung", was nicht zuletzt bei der Arbeit mit Fotogra-

phien zu beachten ist. – Die originale Erstfassung wurde nach
schwerer Beschädigung im Spätmittelalter übermalt; sie „war
im Unterschied [zur zweiten Fassung] kleinteiliger und flächi-
ger, mit einer Tendenz zum Ornamentalen sowie in mancher
Hinsicht unaufgeregter." (Ebd.) So entstand beispielsweise der
breite Blutstrom unterhalb der Seitenwunde erst im Rahmen
der Zweitfassung. Diese wirkte gegenüber der Erstfassung
insgesamt dramatisierend. (S. 31)

47 SCHWANZ 2006, S. 163.

48 SCHWANZ 2006, S. 159.

49 Wilhelm Pinder, Die Deutsche Plastik vom ausgehenden Mittelalter bis zum Ende der Renaissance, Bd. 1, Berlin 1914, S. 96.

50 In der Erstfassung war die Fassung hellockerfarben mit
zinnoberfarbenen Darstellungen der Blutläufe; SCHWANZ 2006,
S. 161; die mittelalterliche Zweitfassung wies für das Inkarnat
einen „kühlen Fleischton" auf; ebd., S. 163.

51 Vgl. die Beschreibung des Isenheimer Altars durch Franz
Christian Lerse (1749–1800) 1781, nach der der Körper Christi
„gut und *richtig* gezeichnet" sei, „nur daß die Beine etwas zu
dick und die Füße zu plump sind, ein *Fehler*, in den diejenigen
leicht verfallen, die (die Künstler der damaligen Zeit um so viel
eher verfielen da sie) die Natur ohne Wahl und *ohne Kenntnis der
Anticken* studirten." – Lerse geht sogar so weit, die Größenun-
terschiede der Figuren als Mangel und die weiße Farbe des
Gewands Mariens explizit als „Fehler" zu bezeichnen. – Alle
Zitate nach: ZÜLCH 1938, S. 388 (Hervorhebungen von C.D.).

52 MARTIN u.a. 2013, S. 100.

53 Jean d'Orlier war Präzeptor von 1463 bis 1490, Guy Guers
von 1490 bis 1516.

54 MARTIN u.a. 2013, S. 102/328, Anm. 262.

55 Die Rekonstruktion geht zurück auf die Beschreibung
zweier Revolutionskommissare, die 1794 den leeren Rahmen
sahen; sie orientiert sich (hypothetisch) an den Formen des
Altaraufsatzes des Hochaltars im Breisacher Münster (1523–1526),

der dem Meister H. L. zugeschrieben wird; MARTIN u.a. 2013, S. 101f; vgl. BÉGUERIE-DE PAEPE/HAAS 2015, S. 54f. – SCHEJA 1969, S. 12, hält die Rekonstruktion von Klem für unrichtig.

56 MARTIN u.a. 2013, S. 102.

57 Adalbert Mischlewski, Artikel Antoniusorden, Antoniter, in: Lexikon des Mittelalters, Bd. 1, Stuttgart/Weimar 1980, Sp. 734f: „Trotz äußeren Glanzes und ständiger Privilegierung durch die Päpste […] begann schon im 14. Jh. der Niedergang, zu dem die ungeheure Verschuldung des Mutterhauses, die Verpfründung des Ordens, Übernahme weltl. Aufgaben, Nepotismus sowie Stellenbesetzung durch die Röm. Kurie beitrugen." – Bei dem sog. Antoniusschwein, das in der zugehörigen Ikonographie zum Attribut des Heiligen wurde (*vgl. Abb. S. 81*), handelt es sich um Hausschweine, die von den Bewohnern der um die Niederlassungen der Antoniter liegenden Orte unentgeltlich aufgezogen wurden.

58 P. Dilg, Artikel Mutterkorn, in: Lexikon des Mittelalters, Bd. 6, Stuttgart/Weimar 1993, Sp. 976.

59 Sigebertus Gemblacensis (Sigebert von Gembloux), Chronica; in der Übersetzung zit. nach: Adalbert Mischlewski, Die Antoniter und Isenheim, in: Max Seidel (Hg), Der Isenheimer Altar von Mathis Grünewald, Stuttgart 2008, S. 102–109, hier S. 102.

60 MARTIN u.a. 2013, S. 103. Die Seitenflügel des um 1470 in Auftrag gegebenen, so genannten Orliaco-Altars befinden sich heute im Unterlinden-Museum in Colmar. Die Haupttafel bildete möglicherweise die Madonna aus der Sammlung Spetz im Louvre in Paris.

61 CLEMENTZ 2005, S. 164f.

62 Zitiert nach: BAUER 1973, S. 14.

63 Franz Meffert, Caritas und Volksepidemien (= Schriften zur Caritaswissenschaft 1), Freiburg i. Br. 1925, S. 157f.

64 CLEMENTZ 2005, S. 172.

65 BÉGUERIE-DE PAEPE/HAAS 2015, S. 40.

66 BAUER 1973, S. 65.

67 BAUER 1973, S. 66.

68 BAUER 1973, S. 40.

69 CLEMENTZ 2005, S. 173.

70 Die Beschreibung stammt von Franz Christian Lerse und enthält eine Passage, nach der Lerse den Isenheimer Altar in der Spitalskirche gesucht, ihn aber erst „in der Folge, da das Chor geöfnet wurde", habe sehen können; zitiert nach: ZÜLCH 1938, S. 386–390, hier S. 387.

71 MARTIN u.a. 2013, S. 104.

72 Bernhard von Clairvaux; zitiert nach: LEGENDA AUREA/ BENZ 1984, S. 266.

73 LEGENDA AUREA/BENZ 1984, S. 264.

74 Bernhard von Clairvaux; zitiert nach: LEGENDA AUREA/ BENZ 1984, S. 266.

75 Bei Jesaja (52,13–53,12) ist vom „Knecht" oder „Gottesknecht" die Rede. Die Theologie sieht darin einen unmittelbaren Hinweis auf Christus.

76 Die Worte stammen von Benedictus Chelidonius OSB. – Die *Kleine Passion* ist 1509/10 entstanden (SCHOCH u.a., Bd. 2, 2002, S. 280) und damit fast zeitgleich mit dem Isenheimer Altar. Es ist davon auszugehen, dass sich in dem Vers eine für die Zeit gängige Meditationspraxis äußert.

77 Christof L. Diedrichs, Die Realpräsenz der Heiligen, in: Ders., Vom Glauben zum Sehen. Die Sichtbarkeit der Reliquie im Reliquiar. Ein Beitrag zur Geschichte des Sehens, Berlin 2001, S. 149–157.

78 Zum Dialog mit einem Kunstwerk vgl. DIEDRICHS 2016/2, S. 9–27.

ABBILDUNGEN

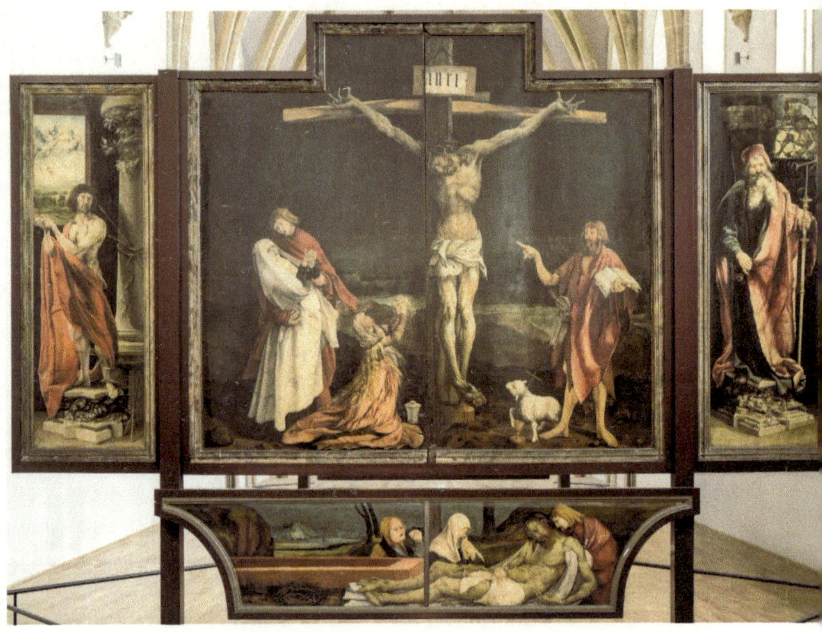

2. Mathis Gothart Nithart, genannt Grünewald, Kreuzigung
Christi, Heilige Sebastian und Antonius, Grablegung Christi;
Isenheimer Altar (geschlossener Zustand), um 1512–1516;
Colmar, Unterlinden-Museum

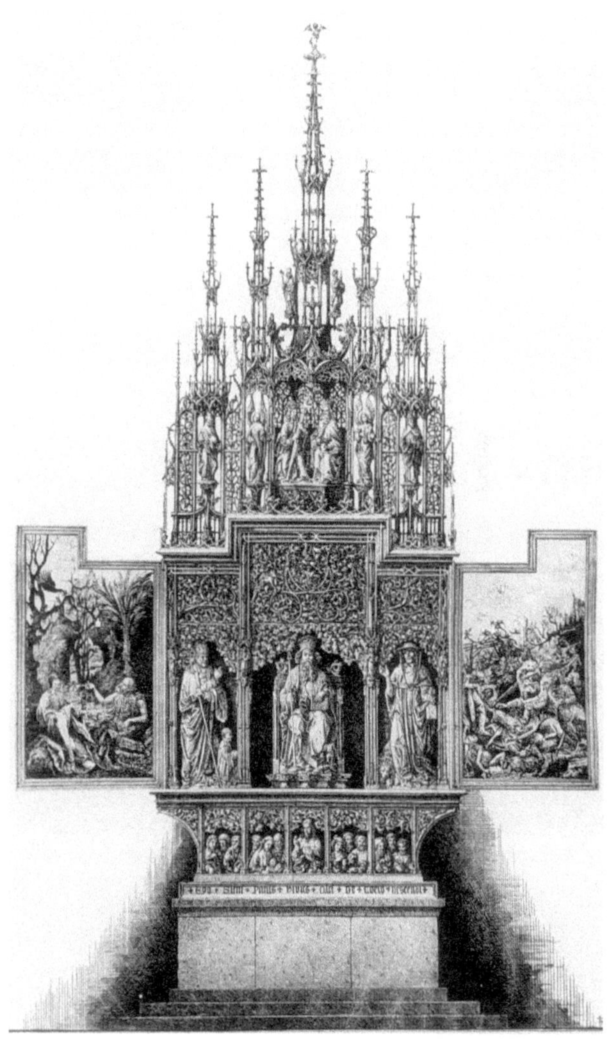

3. Isenheimer Altar mit Schrein und Gesprenge; Rekonstruktion von Théophile Klem, Zeichnung von G. Ruthmann, 1905; Colmar, Unterlinden-Museum

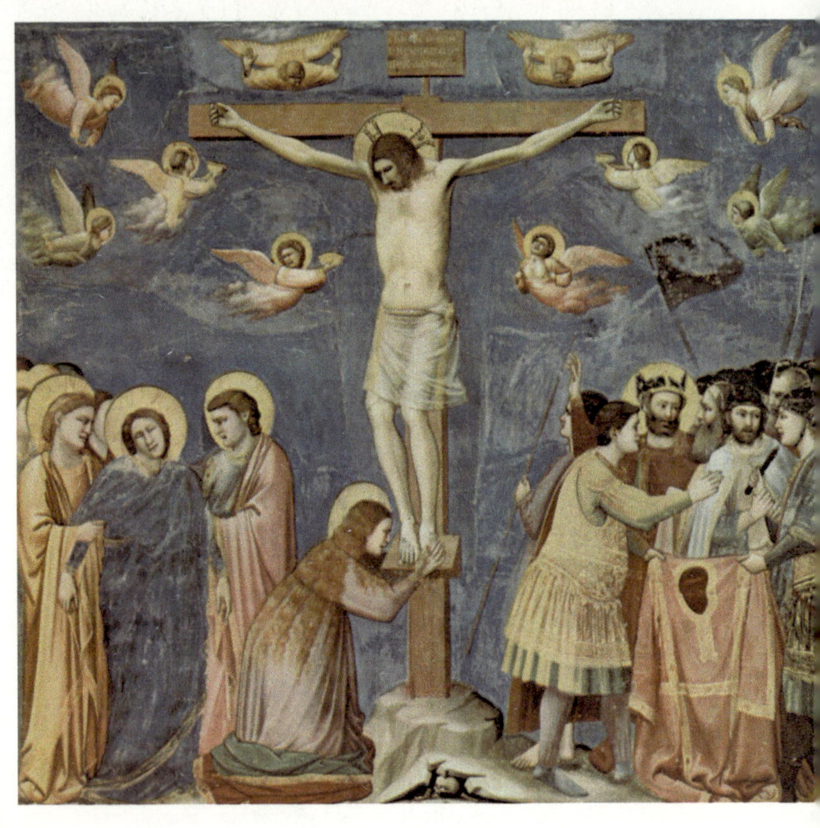

4. Giotto di Bondone, Kreuzigung Christi, 1304–1306;
Padua, sog. Arenakapelle

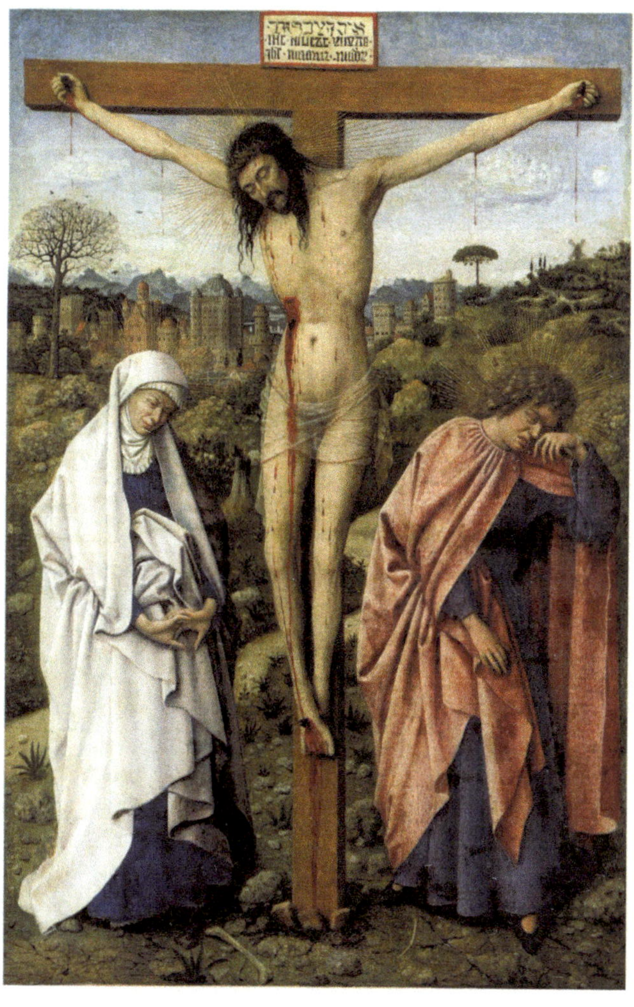

5. Nach Jan van Eyck, Kreuzigung, um 1435(?); Berlin,
Staatliche Museen – Preußischer Kulturbesitz, Gemäldegalerie

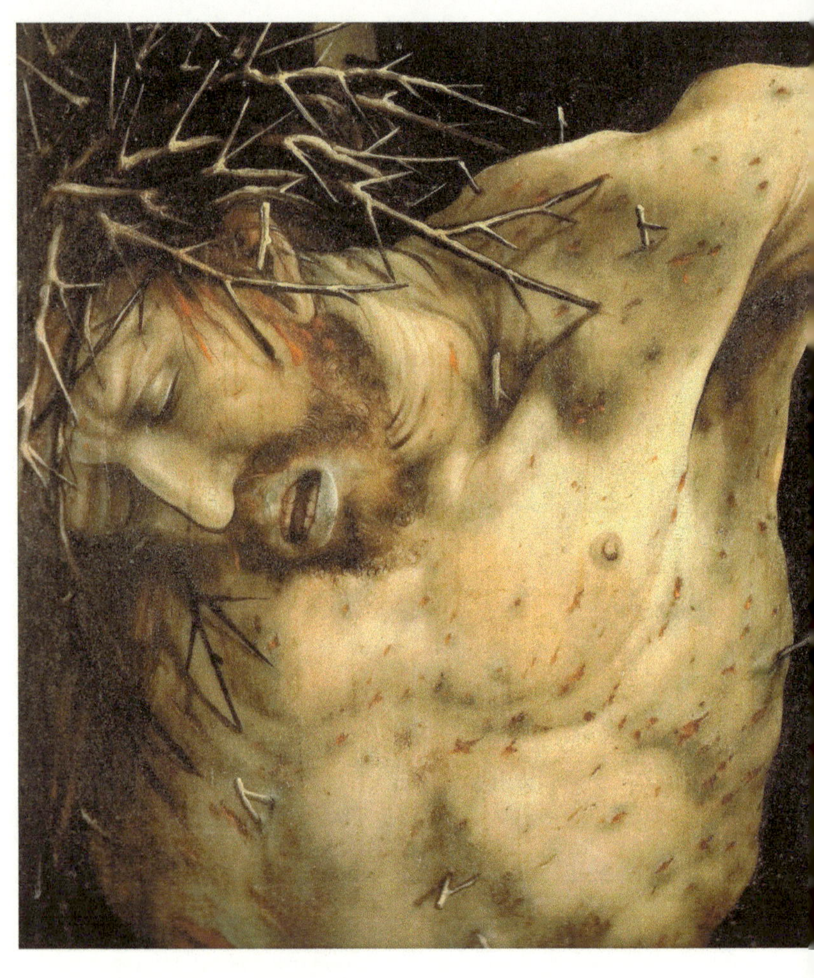

6. Mathis Gothart Nithart, genannt Grünewald, Kreuzigung
Christi (Detail); Isenheimer Altar (geschlossener Zustand),
um 1512–1516; Colmar, Unterlinden-Museum

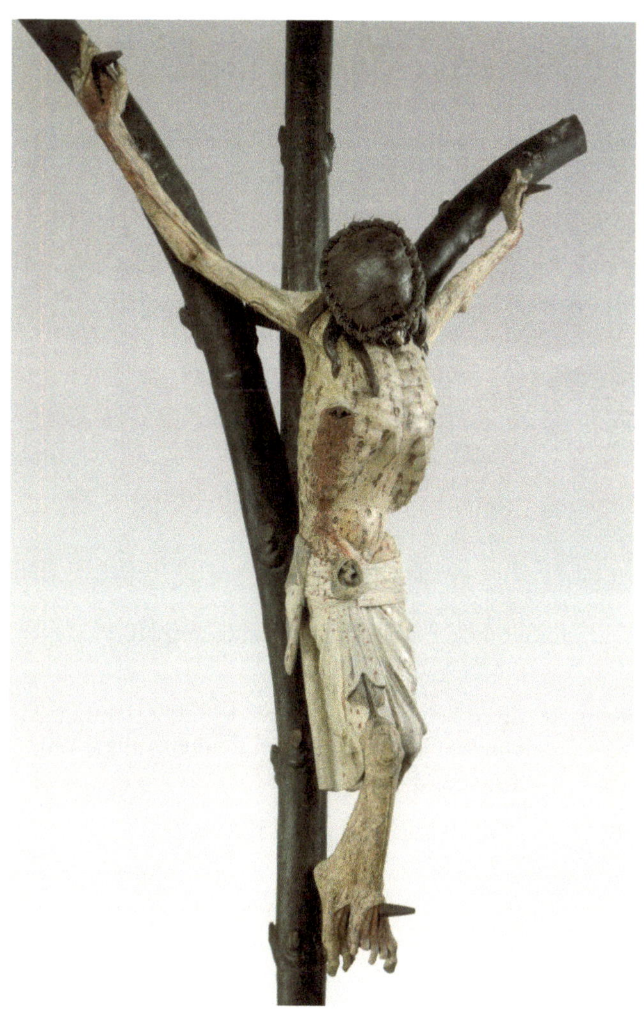

7. Christus am Kreuz, sog. *Crucifixus dolorosus*, um 1300;
Köln, St. Maria im Kapitol

ABBILDUNGSNACHWEIS

ABGEKÜRZT ZITIERTE LITERATUR

Das Literaturverzeichnis enthält ausschließlich abgekürzt zitierte Literatur. – Die Abkürzung in den Anmerkungen *erfolgt über die im Literaturverzeichnis in* KAPITÄLCHEN *gesetzten Wörter.*

Literaturangaben der Mottos (S. 5):

Franz MARC, Die konstruktiven Ideen der neuen Malerei (1912), in: Klaus Lankheit (Hg), Franz Marc. Schriften, Köln 1978, S. 105.

Gottfried BOEHM, Bildbeschreibung. Über die Grenzen von Bild und Sprache, in: Ders./Helmut Pfotenhauer (Hgg), Beschreibungskunst – Kunstbeschreibung. Ekphrasis von der Antike bis zur Gegenwart, München 1995, S. 23–40, hier S. 31.

Literaturangaben in den Anmerkungen:

Veit Harold BAUER, Das Antonius-Feuer in Kunst und Medizin, Berlin u.a. 1973.

Pantxika BÉGUERIE-DE PAEPE/Magali HAAS, Der Isenheimer Altar. Das Meisterwerk im Musée Unterlinden, Paris/Colmar 2015.

Elisabeth CLEMENTZ, Die Isenheimer Antoniter. Kontinuität vom Spätmittelalter bis in die Frühneuzeit, in: Michael Matheus (Hg), Funktions- und Strukturwandel spätmittelalterlicher Hospitäler im europäischen Vergleich (= Geschichtliche Landeskunde 56), Stuttgart 2005, S. 161–174.

Christof L. DIEDRICHS, Das Paradies bleibt verloren. Gauguins Südseebilder (= **ein**blicke – Kunstgeschichte in Einzelwerken 2), Freiburg i.Br./Norderstedt ²2016 (zitiert als: DIEDRICHS 2016/1).

Christof L. DIEDRICHS, Ohne Brille sieht man mehr. Jan van Eyck: „Die Madonna des Kanonikus Georg van der Paele" (= **ein**blicke – Kunstgeschichte in Einzelwerken 3), Freiburg/Norderstedt ²2016 (zitiert als: DIEDRICHS 2016/2).

Godehard HOFFMANN, Das Gabelkreuz in St. Maria im Kapitol zu Köln und das Phänomen der Crucifixi dolorosi in Europa (= Arbeitshefte der rheinischen Denkmalpflege 69/ Studien zu Kunstdenkmälern im Erzbistum Köln 2), Worms 2006.

Jacobus de Voragine, Die LEGENDA AUREA. Aus dem Lateinischen von Richard BENZ, Darmstadt ¹⁰1984.

François-René MARTIN/Michel Menu/Sylvie Ramond, Grünewald, Köln 2013.

Georg SCHEJA, Der Isenheimer Altar des Matthias Grünewald (Mathis Gothart Nithart), Köln 1969.

Rainer SCHOCH/Matthias Mende/Anna Scherbaum, Albrecht Dürer. Das druckgraphische Werk, Bd. 1–3, München u.a. 2001–2004.

Hans-Wilhelm SCHWANZ, Zur Technologie des Crucifixus dolorosus in St. Maria im Kapitol, in: HOFFMANN 2006, S. 151–164.

Robert SUCKALE, Der Kruzifix in St. Maria im Kapitol. Versuch einer Annäherung, in: Jean-Claude Schmitt (Hg), Femmes, art et religion au Moyen Âge, Straßburg 2004, S. 87–101.

Detlev ZINKE, Augustinermuseum. Gemälde bis 1800. Auswahlkatalog, Freiburg 1990.

Walther Karl ZÜLCH, Der historische Grünewald. Mathis Gothardt-Neithardt, München 1938.

GLOSSAR
ERKLÄRUNG VON FACHBEGRIFFEN

↳ *verweist auf einen eigenen Eintrag in diesem Glossar*

Altarmensa: Obere Platte (Tischplatte) eines Altars, die auf dem Altarblock (Stipes) liegt.

Altarretabel (Retabel): Aufsatz auf dem Altarblock (Stipes) und der Altarplatte (Mensa) in Form einer oder mehrerer aufrechtstehender, bemalter Tafeln oder eines Kastens oder (↳) „Schreins", der Skulpturen aus Holz, Stein, Stuck oder Metall enthält; seit dem 11. Jahrhundert bekannt. (↳ Diptychon, Triptychon, Wandelaltar)

Basilika: Im Fall des Kirchenbaus ein mehrschiffiges, langgestrecktes Gebäude, dessen Mittel- oder Hauptschiff in seiner Höhe über die Seitenschiffe hinausragt und durch die sich auf diese Weise ergebenden Wände mit Fenstern (Obergaden) ihr Licht erhält. Die meist dreischiffige Basilika ist seit frühchristlicher Zeit der am häufigsten verwendete Kirchentyp.

Bildvorwurf: Motiv bzw. Thema eines Bilds, z.B. „Kreuzigung Christi" oder „Madonna mit Heiligen und Auftraggeber".

Bl. 75r–77v: In mittelalterlichen und frühneuzeitlichen Büchern werden nicht die Seiten, sondern die Blätter gezählt. Jedes Blatt (Bl. oder fol. [= *folio*]) hat eine Vorderseite (*recto* = r) und eine Rückseite (*verso* = v). – Bei der Angabe „Bl. 75r–77v" (auch: „fol 75r–77v") handelt es sich also um Blatt 75, Vorderseite, bis Blatt 77, Rückseite.

Compassio (lateinisch: Mitleiden): Form der Frömmigkeit, die nicht den *körperlichen* Nachvollzug von Leid und Schmerz, sondern die empathische Anteilnahme, das möglichst konkrete Einfühlen in Leid und Schmerz praktiziert. Als exemplarische Verkörperung der *Compassio* gilt Maria, die Muttergottes.

Diptychon (griech.: Doppeltafel): Täfelchen-Paar, zusammenklappbar, meist aus Holz, Elfenbein oder Edelmetall.

Ecclesia und *Synagoga*: Verkörperungen des Alten und des Neuen Bunds (Altes bzw. Neues Testament) in Form zweier weiblicher Figuren. Die eine symbolisiert die christliche Kirche, dargestellt als Siegerin mit Krone, Kelch und Kreuzfahne; die andere die jüdische Synagoge als Besiegte mit Binde über den Augen, herabfallender Krone und zerbrochenem Stab.

Eschatologie: Lehre von den letzten Dingen; in Religionen die Vorhersage einer neuen Welt nach dem Untergang der alten, am Ende der Zeit (Judentum: messianisches Reich; Christentum: Gottesreich; Islam: Paradies); im Christentum geht diesem Ende das Jüngste Gericht voraus.

Fassung: Farbe auf Holzbildwerken; der „Fassmaler" bemalt die Holzfigur über Kreide- oder Gipsgrundierung oder nach einem Überzug mit Leinwand; gewöhnlich Temperafarben mit einem dünnen Wachsüberzug, erst seit dem 18. Jahrhundert Ölfarben; z.T. schließt die Fassung eine Vergoldung ein.

Fiale: schlankes, spitzes Türmchen meist am Außenbau einer gotischen Kirche. Der untere Teil kann als Tabernakel ausgebildet sein und eine Skulptur enthalten.

Gesprenge: hoher Aufbau über einem (↳) Altarretabel oder (↳) Schrein, aus phantasievoll zusammengefügten, zierlichen, geschnitzten Architekturelementen wie Tabernakeln und (↳) Fialen; meist vollständig durchsichtig, häufig besetzt mit Figuren. Den Höhepunkt erreichte diese Art der Gestaltung des Altars in Deutschland im letzten Drittel des 15. und im ersten des 16. Jahrhunderts.

Hallenkirche: mehr-, meist dreischiffige Kirche, deren Seitenschiffe gleich hoch sind wie das Mittelschiff. Der Hallenkirche fehlt der Obergaden (✥ Basilika).

Hieratisch: in der bildenden Kunst die Bezeichnung von strenger, starrer Haltung; stammt eigentlich aus dem Kontext archaischer, griechischer und byzantinischer Kunst.

Hospitaliter(orden): Ordensgemeinschaften, die sich besonders der Krankenpflege in Hospitälern widmen. Entstanden in der Kreuzzugszeit zur Pilger- und Krankenpflege (z.B. Deutscher Orden, Johanniter-, Malteser-, Antoniterorden).

Luna ✥ *Sol* und *Luna*

Majuskeln: Großbuchstaben, im Gegensatz zu Minuskeln, Kleinbuchstaben. In der römischen Majuskel-Schrift (*Capitalis*) wurden ausschließlich Majuskeln verwendet; in dieser Tradition stehen bis heute die KAPITÄLCHEN.

Mimesis (griechisch; Adjektiv: mimetisch): Nachahmung; in der Kunst die bildnerische Nachahmung der äußerlich wahrnehmbaren Wirklichkeit („Natur") in möglichst wirklichkeitsgetreuer, illusionistischer Weise.

Präzeptor: Vorsteher einer Außenstelle (Präzeptorei) des Antoniterordens.

Predella (ital. „Sockel"): Unterbau eines Flügelaltars.

Nimbus: Heiligenschein; er kann unterschiedlich aussehen: wie eine Scheibe, wie ein schlichter Kreis oder wie ein Strahlenkranz, golden oder farbig. Der *Kreuz*-Nimbus ist ausschließlich Jesus Christus vorbehalten.

Schrein: neben der Bezeichnung eines aufwändig gestalteten Sarkophags ein hölzerner Behälter in Form eines Schranks; im Zusammenhang dieses Buchs der feststehende, schrankartige Mittelteil eines Flügelaltars, der Platz für Skulpturen (im Zusammenhang des Reliquienretabels auch für Reliquiare) bietet.

sic (lateinisch „so"): Ausdrücklicher Hinweis, dass das entsprechende Wort im Text richtig zitiert wurde.

Sol und *Luna* (lateinisch „Sonne" und „Mond"): von den Kirchenvätern mit symbolischen Bedeutungen ausgestattet: Sonne = Christus, Mond = (↻) *Ecclesia*, Kirche, Maria. – Im Mittelalter verschob sich die Bedeutung zunehmend in Richtung von *Ecclesia* und *Synagoge*, vor allem im Zusammenhang der Darstellung der *Kreuzigung Christi*. Gelegentlich stehen sie auch symbolisch für Tag und Nacht.

Suppedaneum: Fußstütze unter den Füßen des gekreuzigten Christus.

Synagoga ↻ *Ecclesia* und *Synagoga*

Triptychon: dreiteiliges Bild (im Gegensatz zum [↻] Diptychon); besonders bevorzugte Form mittelalterlicher Altäre, sowohl feststehend, als auch in Form des (↻) Wandelaltars: bestehend aus einer Mitteltafel und zwei (häufig beweglichen) Seitenflügeln.

Wandelaltar: (↻) Altarretabel mit mehreren, auf- und zuklappbaren Altarflügeln, die mehrere Präsentationsvarianten („Wandlungen") ermöglichen.

DANK

Mein herzlicher Dank gilt auch hier wieder allen ehemaligen Studierenden der Victor-Klemperer-Akademie, Freiburg i. Br., und jenen, die inzwischen dazugestoßen sind, die sich an der Entstehung des Manuskripts auf unterschiedliche Weise aktiv beteiligt haben. Diesmal haben sich Ute Buck, Rosemarie Herzog, Marlies Keck, Christel Kuhn und ungenannte Freunde als kritische Leser/innen des Manuskripts zur Verfügung gestellt und dadurch zur Lesbarkeit des Buchs beigetragen.

Für seine Hilfe im Zusammenhang der Bilder danke ich Herrn Dipl. Physiker Peter A. Dietrich, der den Altar nach seiner jüngsten Neupräsentation im Unterlinden-Museum in Colmar aufgenommen hat. Die Bilder des Isenheimer Altars sind auf diese Weise glücklicherweise aktuell.

Herzlich möchte ich auch den Mitarbeitern von *wikimedia commons* danken – ohne ihre Sammlung qualitativ hochwertiger, gemeinfreier Bilder wäre ein Buch wie dieses nicht finanzierbar.

Wiederum waren mir Andree Kröger und René Deuster (*Field Interactive Company*, Dortmund/Lünen/Brilon) bei der graphischen Gestaltung behilflich, wofür ich ihnen wie immer sehr dankbar bin.

Ganz besonderen Dank möchte ich an dieser Stelle meiner Frau, Silke Diedrichs, aussprechen – ohne ihre aktive Hilfe, die Geduld auch in schwierigen Situationen und ihr Sach- und Fachwissen könnten die Bücher dieser Reihe nicht entstehen.

DIE REIHE „EIN-BLICKE - KUNSTGESCHICHTE IN EINZELWERKEN"

Während der Arbeit mit kunstinteressierten Menschen stellt sich immer wieder heraus, wie groß das Bedürfnis nach Unterstützung bei der Betrachtung und Deutung von Kunstwerken ist. Wer hier nicht im Bereich unbewiesener Vermutungen und willkürlicher, freier Assoziation verbleiben will, fühlt sich häufig auf sachkundige Anleitung angewiesen.

Leider ist eine solche nicht immer leicht zu finden, jedenfalls nicht auf einem gewissen Niveau, das sich nicht zuletzt durch die Absicherung in der aktuellen Forschungsliteratur auszeichnet. Allzu verbreitet ist die Vorstellung, Ergebnisse kunsthistorischer Forschung seien zeitlos gültig und bedürften niemals der Modifizierung oder gar der Korrektur.

Indessen ist dies ein Irrtum. Auch die kunsthistorische Forschung schreitet fort. Ältere, als sicher geltende Untersuchungsergebnisse werden nach einer gewissen Zeit revidiert, neue Sichtweisen setzen sich durch, frühere Deutungen und Einordnungen müssen zum Teil vollständig fallengelassen werden. Es gibt zahlreiche Beispiele dafür, dass sich als sicher geglaubte Forschungsergebnisse, selbst Ergebnisse technischer Untersuchungen, nach einiger Zeit als schlichtweg falsch erwiesen haben.

Die Reihe „**ein**blicke – Kunstgeschichte in Einzelwerken" hat sich vor diesem Hintergrund zwei Ziele gesetzt:

1. Sie möchte interessierte Laien mit einer Methodik vertraut machen, die diese in die Lage versetzen soll, eigenständig und dennoch kompetent zu verlässlichen Ergebnissen einer aktiven Betrachtung von Kunst-

werken zu gelangen (daher jeweils immer ein einleitendes Kapitel „Über die Betrachtung von Kunstwerken").

2. Außerdem wirkt die Reihe daran mit, aktuelle Ergebnisse kunsthistorischer Forschung bekannt zu machen und der Kunstbetrachtung interessierter Laien auf diese Weise eine vertrauenswürdige Grundlage zu geben.

Die Reihe „**ein**blicke", deren Westentaschenformat nicht zuletzt zur Lektüre vor dem Original-Kunstwerk anregen möchte, stellt in bunter Folge jeweils ein bestimmtes Werk aus der Geschichte der abendländischen Kunst vor, das Schritt für Schritt betrachtet und gedeutet wird und damit zu eigenständiger Kunstbetrachtung auch anderer Werke anregen soll.

Nach dem Erscheinen der ersten fünf Bände der Reihe über die Königshalle in Lorsch, Gauguins Südseebilder, Jan van Eycks *Madonna des Kanonikus Georg van der Paele*, Franz Marcs *Tiger* und der Kreuzigungstafel des Isenheimer Altars sind folgende weiteren Bände geplant:

Band 6: William Turner, Regen, Dampf und Geschwindigkeit
Band 7: Rubens/Michelangelo, Das *Jüngste Gericht* in München und in der Sixtinischen Kapelle
Band 8: Jacques-Louis David, Der tote Marat

(Änderungen vorbehalten; bitte informieren Sie sich auf der Website www.kunstgeschichte-in-einzelwerken.de über den aktuellen Stand der Planung.)

„Ein Erlebnis, dieses Buch zu lesen! Eine hervorragende Arbeit. Ein Buch, das einen mit vielen, ganz persönlichen Fragen konfrontiert und lange beschäftigt."
Ute Buck

Stimmen zu anderen Bücher der Reihe:
„Das Buch ist spannend und flüssig zu lesen, ein deutlicher Unterschied zu den oft eher in verkopfter Fachsprache verfassten Werkmonographien" (zu Band 1).
Christel Kuhn

„Diese Art Kunstbetrachtung macht Lust auf mehr" (zu Band 1).
Amazon-Kunde auf amazon.de

„Die Texte sind sehr gut verständlich und kommen leichtfüßig daher, so dass das Lesen und Verstehen leichtfällt. Ich habe richtig Lust bekommen mich einmal ganz unbedarft vor ein Kunstwerk zu setzen und mit ihm in Dialog zu treten" (zu Band 2).
Melanie Geppert

„Es ist schon unglaublich, was ein Profi wie Dr. Diedrichs alles in diesem Bild sieht! Aber was mich noch mehr begeistert, ist die Tatsache, dass er es auch so darstellen kann, dass ich als Laie es problemlos verstehen und nachvollziehen kann. So macht die Betrachtung eines Kunstwerks richtig Spaß!" (zu Band 3)
A.H. auf amazon.de

Der Autor „formuliert klar und verständlich. Er versteht es, das Interesse des Lesers zu erhalten, verzahnt nachvollziehbar theoretischen Hintergrund und schrittweise Bildbetrachtung. Eine besonders ansprechende Darstellung von Marcs *Tiger*-Bild!" (zu Band 4)
Renate Michel

Zur Buchreihe:
„Ein neuer Blick auf alte Werke.
In der Reihe ‚**ein**blicke – Kunstgeschichte in Einzelwerken' beschreibt der Autor, selbst promovierter Kunsthistoriker, ein neues Konzept der Auseinandersetzung mit Kunst, das interessierten Laien einen anderen Blickwinkel eröffnet. Er greift dabei nicht auf gängige Beschreibungen und Interpretationen zurück, sondern zeigt einen Weg auf, wie man sich mit eigenen Augen ein Kunstwerk erschließen kann. Historische Fakten und Daten werden wissenschaftlich fundiert, dabei gut verständlich und unterhaltsam dargestellt. Diese Reihe ist eine Entdeckung für alle, die sich für Kunstgeschichte interessieren, aber bisher noch nicht den richtigen Zugang gefunden haben."
Lilli H. auf amazon.de